Marcel Montagnese

Eventmarketing

Das Marketing-Instrument der Zukunft

Bibliografische Information der Deutschen Nationalbibliothek:

Die Deutsche Nationalbibliothek verzeichnet diese Publikation in der Deutschen Nationalbibliografie; detaillierte bibliografische Daten sind im Internet über http://dnb.d-nb.de abrufbar.

Impressum:

Copyright © Science Factory 2019

Ein Imprint der GRIN Publishing GmbH, München

Druck und Bindung: Books on Demand GmbH, Norderstedt, Germany

Covergestaltung: GRIN Publishing GmbH

Abstract

Die vorliegende Arbeit beschäftigt sich mit den Zukunftsperspektiven des Eventmarketings und in wie fern es in Zukunft, weiterhin im Kommunikationsmix, etabliert werden kann. Um einen Überblick in das Eventmarketing zu bekommen, werden unklare Begriffsdefinitionen geklärt und das Eventmarketing hinsichtlich Wirkung und Erfolg untersucht. Folge dessen werden die Zukunftsperspektiven thematisiert und anhand eines Praxisbeispiels veranschaulicht. Anschließende Erfolgsfaktoren und Handlungsempfehlungen schließen diese Arbeit ab und bestätigen, dass das Eventmarketing auch in Zukunft bestehen kann.

Inhaltsverzeichnis

Abstract .... **III**

Abkürzungsverzeichnis .... **VIII**

Abbildungsverzeichnis .... **IX**

1 Einleitung **1**
    1.1 Problemstellung & Zielsetzung der Arbeit 1
    1.2 Aufbau der Arbeit 2

2 Eventmarketing **4**
    2.1 Definition Event 4
    2.2 Definition Eventmarketing 8
    2.3 Abgrenzung Event-Marketing & Marketing-Event 9
    2.4 Ziele des Eventmarketing 10
    2.5 Zielgruppendefinition /-findung 13
    2.6 Erscheinungsformen & Einsatzmöglichkeiten 16
    2.7 Integration des Event-Marketing in den Marketing -/ Kommunikationsmix 18

3 Wirkung und Erfolg des Eventmarketing **22**
    3.1 Wirkung des Eventmarketing 22
    3.2 Erfolgskontrolle 24

4 Zukunftsvision des Eventmarketing **30**
    4.1 Veränderung der Märkte und Gesellschaft 30
    4.2 Veränderung der Unternehmenskommunikation 37
    4.3 Eventmarketingtrends 39
    4.4 Megatrends 43
    4.5 Zukunftsaussichten des Eventmarketing 47

5 Praxisbeispiel Hybrides Event **52**

   5.1 Ball Packaging Europe 52

   5.2 Erfolgsfaktoren & Handlungsempfehlungen 55

6 Schlussbetrachtung **58**

Literaturverzeichnis **59**

Abkürzungsverzeichnis

VR = Virtual Reality

AR = Augmented Reality

Abbildungsverzeichnis

Abbildung 1: Risikoeinteilung und -beurteilung 6

Abbildung 2: SWOT-Analyse 11

Abbildung 3: Psychologische Kommunikationsziele des Event-Marketing 13

Abbildung 4: Sinus-Milieus in Deutschland Jahr 2018 (vgl. Sinus 2018) 16

Abbildung 5: Dreidimensionale Typologie der Event-Marketing-Formen 18

Abbildung 6: Aufgabenfelder der Wirkungsforschung im Eventmarketing 23

Abbildung 7: Emotionale Konditionierung beim Event-Marketing 24

Abbildung 8: Messzeitpunkte bei der Ergebniskontrolle 27

Abbildung 9: Entwicklung der Domainzahl mit Endung .de in den Jahren 1994 bis 2018 38

Abbildung 10: Fresh-Up Kiosk 54

Abbildung 11: eingesetzte Rikschas im Rahmen der Ball-Packaging-Kampagne 55

1 Einleitung

Die Rahmenbedingungen für das moderne Marketing haben sich verändert. Es erfolgt ein Wertewandel der Gesellschaft und die Wirtschaft steht an der Schwelle zu einem neuen Zeitabschnitt (vgl. Nufer 2012, 1). Grundbedürfnisse wie Nahrung, Unterkunft oder Arbeit waren gedeckt und der Mensch sehnte sich nach einer neuen Dimension der Orientierung. Er fand die Erlebnis- und Freizeitorientierung. So stand nun das erlebnisintensive und ereignisreiche Leben im Mittelpunkt. Als neues, innovatives Kommunikationsinstrument fand das Eventmarketing zu Beginn der 90er-Jahre den Weg in den Kommunikations- beziehungsweise Marketingmix diverser Unternehmen. 1984 wurde der Terminus „Event-Marketing" zum ersten Mal von Claudia Jaekel in einem Aufsatz in einer Marketing-Zeitschrift verwendet. Der Wandel von der Dienstleistungsgesellschaft hin zur Erlebnisgesellschaft war erreicht. Dies kann man im Wesentlichen auf drei Aspekte zurückzuführen. Aufgrund der polarisierenden Massenmedien und der Reiz- sowie Informationsüberflutung der Konsumenten, auf den gesellschaftlichen Wertewandel hin zur Erlebnis- und Freizeitorientierung, sowie auf die gesättigten Märkte und die Austauschbarkeit vieler Produkte. Neben den bestehenden Marketinginstrumenten wie Werbung, Sponsoring, Presse- und Öffentlichkeitsarbeit oder Messen und Ausstellungen, konnte sich das Eventmarketing als eigenständiges, gleichwertiges Kommunikationsinstrument am Markt etablieren. In der Marketingpraxis findet man den Begriff Eventmarketing auch unter „Live-Kommunikation", „Live-Marketing" oder „Emotional-Marketing". Anschließend an die kurze Einführung wird im nächsten Schritt die Problemstellung der Arbeit formuliert.

1.1 Problemstellung & Zielsetzung der Arbeit

Der durchgehend schwankende und wechselnde Markt stellt für Unternehmen eine enorme Herausforderung dar. Die Unternehmenskommunikation muss ständig angepasst und optimiert werden. Dies gilt auch in Bezug auf das Eventmarketing. Neue Trends müssen erkannt, angenommen und angewendet werden. Vergleicht man den heutigen Markt und den der vergangenen Zeiten, wurde eine Periode der Marktsättigung erreicht und einstige Verkäufermärkte haben sich zu einem Käufermarkt entwickelt. Der Konsument verfügt über eine weitaus größere Auswahl an Produkten wie früher. Dies führt zu einer flächendeckenden Marktsättigung, die eine Differenzierung der Produkte kaum noch zulässt. Für Unternehmen hat sich daraus ein spürbar steigender Konkurrenzkampf entwickelt. Es gilt hierbei die eigene Unternehmenskommunikation als Differenzierungsmerkmal zu nutzen, um sich von der Masse abzuheben. Das Eventmarketing bietet hierfür ein innovatives Kommunikationsinstrument das die Bedürfnisse der Gesellschaft, hinsichtlich eines erlebnis- und freizeitorientierten Lebens, befriedigen kann. Aufgabe muss es sein, mit den hauptsächlich technologischen Fortschritten mithalten zu können und diese zu eigenen Gunsten einzusetzen. Weiterhin muss Aufgabe des Eventmarketings sein, relevante Trends frühzeitig zu erkennen und diese innerhalb der Kommunikationspolitik zu beachten.

Ziel dieser Thesis ist es herauszufinden, ob das Eventmarketing in Zukunft, den gesellschaftlich wandelnden Werten und der fortschreitenden Digitalisierung standhalten kann und auch in Zukunft als fester Bestandteil des Kommunikations- / Marketingmix angesehen werden kann.

1.2 Aufbau der Arbeit

Nach einer kurzen Einführung in das Thema, sowie der Problemstellung und Zielsetzung der Arbeit, werden im zweiten Kapitel anfänglich relevante Begrifflichkeiten geklärt. Es wird das Event an sich näher vorgestellt und erläutert warum sich die Gesellschaft nach diesen sehnt. Anschließend wird der Begriff des Eventmarketings an sich näher untersucht und erläutert warum eine Abgrenzung der Begriffe Eventmarketing und Marketing-Event zwingend notwendig ist. Daraufhin werden die Ziele des Eventmarketings aufgezählt und erklärt wie diese gesetzt werden. Zusätzlich wird auf die Zielgruppendefinition näher eingegangen. Zum Abschluss des ersten Kapitels wird die Integration des Eventmarketings in den Kommunikations-/Marketingmix näher betrachtet und die Schritte der Integration beschrieben. Im nächsten Kapitel dieser Arbeit wird auf die Wirkung und den Erfolg des Eventmarketings näher eingegangen. Es wird die Wirkungsforschung innerhalb des Eventmarketings näher thematisiert und geprüft, welche Rolle die emotionale Konditionierung diesbezüglich spielt. Anschließend wird der Wert des Erfolges untersucht. Es wird geprüft welche Bedeutung der Erfolgskontrolle zukommt und worin ihre Aufgaben liegen. Abschließend werden die Probleme, mit welchen im Rahmen der Erfolgskontrolle zu rechnen ist, aufgezeigt und untersucht.

Das darauffolgende Kapitel soll die Zukunftsaussichten des Eventmarketings aufzeigen. Es wird auf die Veränderung der Gesellschaft, sowie die des Marktes näher eingegangen und untersucht inwiefern sich diese auf das Eventmarketing ausgewirkt haben. Es wird untersucht welche Rolle dabei die Digitalisierung und die Nutzung von Social Media spielt und wie sich daraufhin die Unternehmenskommunikation verändert hat. Zum Schluss werden einige Eventmarketing-Trends und Megatrends näher begutachtet und die Zukunftsaussichten des Eventmarketing formuliert. Das anschließende Praxisbeispiel soll eine Form der zukünftigen Eventausrichtung zeigen und anhand der Erfolgsfaktoren und Handlungsempfehlung klären, ob das Eventmarketing auch in Zukunft als fester Bestandteil des Kommunikationsmix angesehen werden kann.

2 Eventmarketing

Im folgenden Kapitel wird das Eventmarketing grundlegend untersucht. Es werden wichtige Begriffe näher erläutert und wichtige Abgrenzungen der Begriffe verdeutlicht. Zusätzlich wird untersucht inwiefern sich die Gesellschaft verändert hat. Es werden die Ziele und Zielgruppen des Eventmarketing definiert und erläutert wie diese aufgestellt werden. Abschließend wird gezeigt wo das Eventmarketing eingesetzt werden kann und wie es in den Marketing- bzw. Kommunikationsmix integriert wird.

2.1 Definition Event

Der aus dem englisch stammende Begriff „Event" wird mit „Ereignis" oder „Veranstaltung" übersetzt. Der Begriff avancierte sich in den letzten Jahren zum Modewort und wird als Synonym für den deutschen Begriff „Veranstaltung" gebraucht. Dies führte allerdings zu der Problematik, dass das Wort zu inflationär benutzt wird. Es wird somit mit allem in Verbindung gebracht, was einem Event im Ansatz ähneln könnte. Ein Event unterscheidet sich jedoch von einer Veranstaltung. Ein Event zeichnet sich durch seine Außergewöhnlichkeit und Einzigartigkeit aus. Ein Event macht aus einer Veranstaltung etwas Besonderes und Einmaliges. Wird somit eine Veranstaltung als Event angekündigt, signalisiert es ein Erlebnisversprechen, Interaktionen und Einmaligkeit. Baum und Stalzer beschreiben Events als „Aktionen mit zielgruppenorientiertem Erlebnischarakter, die in Form und Ausdruck individuell sind." (Baum/Stalzer 1991, 113). Im Rahmen des Veranstaltungsmarketing, erwähnte Böhme-Köst Events als ein Instrument der Verkaufsförderung (vgl. Böhme-Kost 1992, 129). „Events sind ungewöhnliche Ereignisse. Sie lösen Live- Erlebnisse aus, die zur Erreichung von Marketing-Zielen beitragen" (Böhme-Kost 1992, 129). Der deutsche Kommunikationsverband (BDW) verfasste im Jahre 1993, die bis heute am häufigsten verwendete Definition. Dieser beschrieb Events, mit deren Planung und Organisation, im Rahmen der Unternehmenskommunikation als ein inszeniertes Ereignis. Emotionale und Physische Reize sollen durch erlebnisorientierte firmen- oder produktbezogene Veranstaltungen ausgelöst werden (vgl. BDW 1993, 3). Man kann somit sagen, dass ein Event sich durch seine Einzigartigkeit auszeichnet und den Besucher emotional anspricht. Ein Event bleibt, dem der es erlebt im Gedächtnis. Bruhn unterstreicht dies, indem er ein Event als ein spezielles Ereignis beziehungsweise eine besondere Veranstaltung deklariert. Vor Ort wird das Event von ausgewählten Rezipienten multisensitiv erlebt und als Plattform zur Unternehmenskommunikation genutzt (vgl. Bruhn 2011, 1016).

2.1.1 Entstehung

Bevor ein Event stattfinden kann, findet vorab eine umfassende, detaillierte Vorbereitung statt. Diese Vorbereitung lässt sich in verschiedene Phasen der Entstehung unterteilen. Die Unterteilung verschafft dem Veranstalter einen besseren Überblick, es lässt sich besser planen und alle wichtigen Aspekte können abgearbeitet werden. Bestimmte Schlüsselereignisse grenzen die jeweiligen Phasen voneinander ab. Je detaillierter die Planung des Events allerdings wird, desto mehr gehen die Phasen ineinander über und lassen sich nur noch schwierig abgrenzen (vgl. Altenbrunn 2015).

Man unterscheidet prinzipiell allerdings in Ideenphase, Planungsphase, Umsetzungsphase, Durchführungsphase und Nachbereitungsphase. In der ersten Phase, der Ideenphase, wird die grobe Idee des Events beschrieben beziehungsweise umrissen. In dieser Phase wird das Event sozusagen „geboren". Durch verschiedene Initialmaßnahmen kann man schon in der ersten Phase dem Projekt erste Konturen geben (vgl. Swiss Olympics Initialmaßnahmen 2018). Mit Hilfe einer Plausibilitäts- und Kompatibilitätsprüfung wird geprüft, inwiefern die Idee umsetzbar beziehungsweise realisierbar ist (vgl. Altenbrunn 2015). Ist dies geschehen, kann gezielt weitergearbeitet werden und nicht umsetzbare Ideen werden beiseitegeschafft. Um das Projekt hinterher durchführen zu können, werden einige Partner benötigt. Wurden die nötigen Unterlagen zur Umsetzung der Idee gesammelt, können anhand dieser, Partner für das Projekt gewonnen werden. Bei möglichen Zweifeln kann eine Machbarkeitsstudie Klarheit verschaffen. Mit Hilfe dieser wird die Umsetzung des Projektes überprüft und Risiken können eingeschätzt werden. So soll geklärt werden, ob das Projekt erreichbar ist. Da es allerdings viele verschiedene Faktoren gibt, die hier eine Rolle spielen, müssen im Vorfeld der Studie klare Prioritäten gesetzt werden. Ist der Machbarkeitsnachweis erfolgt, kann das Projekt weiterbearbeitet werden (vgl. Funk 2015).

Die berühmten „6-W-Fragen" stellen den Grundbaustein für die folgenden Phasen dar. Diese beschäftigen sich mit den Fragen nach dem Wer?, Was?, Wann?, Warum?, Wie? Und Wo?. In der Literatur spricht man häufig vom „W-Briefing" (vgl. Thinius, Untiedt 2013, 123). Ist das W-Briefing abgeschlossen und die Fragen beantwortet, kann mit der Planungsphase begonnen werden.

In der Planungsphase wird ein Veranstaltungskonzept entworfen und die nötigen Genehmigungen von den jeweiligen Behörden eingeholt. Durch eine Risikoanalyse wird sichergestellt, dass das Event für alle Beteiligten sicher und gesund ist. Hierbei wird sich kritisch mit möglichen Gefahren auseinandergesetzt. Ist die Risikoanalyse abgeschlossen, wird mit den Genehmigungsbehörden kommuniziert und das Konzept vorgelegt. Nach einer intensiven Sicherheitsbeurteilung willigen diese dem vorgelegten Konzept ein oder fordern nötige Nachbesserungen (vgl. Altenbrunn 2015). Die Sicherheitsbeurteilung teilt sich in die Risikobeurteilung und in die Risikoeinteilung und hilft den zuständigen Fachbehörden bei ihrer Entscheidung innerhalb des Genehmigungsverfahrens (vgl. Fiedler, Barth 2015). Die folgende Abbildung soll dies verdeutlichen.

Abbildung 1: Risikoeinteilung und -beurteilung (Basigo 2019)

Sind die nötigen Genehmigungen eingeholt, das Veranstaltungskonzept hinreichend detailliert formuliert und das behördliche Verfahren abgeschlossen, geht die Planungsphase in die Umsetzungsphase über. Wie der Name schon verrät, wird in der Umsetzungsphase das Konzept in die Realität umgesetzt. Hierzu muss das nötige Personal akquiriert werden. Sollte es während der Umsetzung zu notwendigen Änderungen kommen, müssen diese mit dem Sicherheitskonzept kompatibel sein. Die grundsätzlichen Vorgaben der Genehmigung müssen weiterhin beachtet werden. Eine fortwährende Kommunikation mit allen Beteiligten ist während der Umsetzung zwingend notwendig, um auf mögliche Differenzen schnellstmöglich zu reagieren und einen reibungslosen Ablauf zu garantieren. Die folgende Durchführungsphase lässt sich in drei kleinere Phasen unterteilen. Diese sind die Aufbauphase, die Veranstaltungsphase und die Abbauphase (vgl. Altenbrunn 2015). Die Verwirklichung der Planung geschieht in der Aufbauphase. Sollten noch weitere Überprüfungen anstehen, finden diese auch während dem Aufbau statt. Ist der Plan umgesetzt startet die Veranstaltungsphase, welche von den Besuchern des Events genutzt wird. Ist das Event zu Ende, wird das Veranstaltungsgelände während der Abbauphase wieder in seinen Ursprungszustand zurückversetzt. Durch behördliche Verfahren wird die Durchführungsphase freigegeben und hinterher abgenommen.

Die darauffolgende Nachbereitungsphase dient der Auswertung der Veranstaltung. Der Ablauf der Veranstaltung wird von allen Beteiligten kritisch untersucht und mögliche Fehler analysiert. Die Ergebnisse werden bei weiteren Events berücksichtigt und der Vorgang optimiert (vgl. Altenbrunn 2015).

2.1.2 Eventisierung der Gesellschaft

Ob Kindergeburtstag, Hochzeit, Weltmeisterschaften oder sogenannte „Flashmobs". Die heutige Gesellschaft ist nicht mehr die, die es einmal war. Durch einen fortwährenden wachsenden, wandelnden und nie gesättigten Markt wurden die Grundbedürfnisse der Gesellschaft gedeckt und Produkte und Dienstleistungen wurden standardisiert. Die Welt wurde zum größtmöglichen Realisator verschiedenster Wünsche. Der Mensch stellt sich nur noch die Frage: „Was will ich und wo bekomme ich es?"

(Schulze 2002). Antworten auf diese Frage gilt es in möglichst einzigartigen Formen bereitzustellen. Der Mensch geht dahin, wo es etwas zu sehen und zu erleben gibt. Von der einstigen Industriegesellschaft über die Dienstleistungsgesellschaft führte der Weg zur heutigen Erlebnisgesellschaft (vgl. Nufer 2012, 1). Inszeniert man als Unternehmen somit Erlebnisse für den Kunden, kann man auf den ein oder anderen Wettbewerbsvorteil hoffen. Das erlebnisintensive und ereignisreiche Leben steht nun im Mittelpunkt und die Gesellschaft wurde zur Erlebnisökonomie. „Dergestalt ist Eventisierung längst ein ebenso selbstverständliches wie verselbständigtes Element des modernen Lebens [...]" (Betz, Hitzler, Pfadenhauer 2011, 9).

2.1.3 Emotionalisierung

„They will forget what you said, but they will never forget how you made them feel." Dieses Zitat von Carl W. Buechner gibt Klarheit über die Wichtigkeit der Emotionen und inwiefern ein Unternehmen es schaffen muss, den Konsumenten emotional zu erreichen. Begeisterung schaffen und positive Emotionen über seine Marke transportieren ist die Zauberformel. Ist etwas erlebbar bleibt es dem Konsumenten intensiver und langanhaltender im Gedächtnis. Ziel soll es sein, dass sich der Kunde mit der Marke identifizieren kann und mit positiven Gefühlen beziehungsweise Erfahrungen assoziiert. Die Marke soll erlebbar gemacht werden. Den angebotenen Gütern und Dienstleistungen soll ein erlebnishafter Symbolgehalt verliehen werden und somit dem Kunden ein emotionales Konsumerlebnis zu ermöglichen (vgl. Nickel/ Weinberg 1998, 61). Man spricht hierbei auch von Erlebnismarketing.

2.2 Definition Eventmarketing

Mit der Zeit haben sich zum Thema Event und Eventmarketing in der Lehre und Wissenschaft, verschiedene Definitionsansätze einiger Autoren herausgebildet. Eine Vielzahl von Begrifflichkeiten und unterschiedliche Theorien versuchen das Thema Eventmarketing möglichst genau zu beschreiben. Eine klare Trennung von anderen Instrumenten der Kommunikationspolitik beziehungsweise eine allgemein gültige Eventmarketing-Definition existiert nicht. Gerd Nufer und Manfred Bruhn haben die bislang wichtigsten Definitionen diesbezüglich verfasst. So beschrieb Nufer das Eventmarketing „als interaktives sowie erlebnisorientiertes Kommunikationsinstrument, das der zielgerichteten, zielgruppen- beziehungsweise szenenbezogenen Inszenierung von eigens initiierten Veranstaltungen sowie deren Planung, Realisation und Kontrolle im Rahmen einer integrierten Unternehmenskommunikation dient." (Nufer 2012, 22). Manfred Bruhn beschreibt das Eventmarketing als eine Veranstaltung, die als Plattform dient, um ein Produkt, eine Dienstleistung oder ein ganzes Unternehmen erlebnis- und/oder dialogorientiert zu präsentieren. Die zielgerichtete, systematische Analyse, Planung, Durchführung und Kontrolle dieser Veranstaltung sind Voraussetzung, um starke Aktivierungsprozesse in Bezug auf Produkt, Unternehmen oder Dienstleistung durch emotionale und physische Stimulans auszulösen. Ziel soll es sein, unternehmensgesteuerte Botschaften zu vermitteln (vgl. Bruhn 2011, 1018). Durch systematische Planung, Organisation, Durchführung und Kontrolle von Events, wird das Event-Marketing in die Unternehmenskommunikation integriert (vgl. Nufer 2012, 22). Es handelt sich somit beim Event-Marketing um ein strategisches Kommunikationsinstrument. Obgleich es weitere unzählige Definitionen gibt, stellen die Definitionen von Nufer und Bruhn die beiden wichtigsten dar.

2.3 Abgrenzung Event-Marketing & Marketing-Event

In der Literatur findet man immer wieder verschiedene Definitionsansätze bezüglich der Begriffe des Event-Marketings und des Marketing-Events. Eine klare Differenzierung bleibt zudem meist aus. Selten sind die beiden Begriffe sogar als Synonyme vorzufinden. Im Folgenden soll eine Differenzierung der beiden Begriffe klar gemacht werden. Bei einem Marketing-Event handelt es sich um eine Veranstaltung. Zweck dieser Veranstaltung ist es, dass vorherig festgelegte Marketingziel zu erreichen (vgl. Schäfer-Mehdi 2009, 9). Markenwelten können mithilfe eines Marketing-Events in erlebbare Ereignisse umgesetzt werden. 1998 beschrieb Nickel ein Marketing-Event als ein inszeniertes Ereignis, das das zentrale Ziel hat, den Teilnehmern Erlebnisse zu vermitteln beziehungsweise durch diese Emotionen auszulösen (vgl. Nickel 1998, 7). Es handelt sich somit bei Marketing-Events um zweckorientierte Veranstaltungen. Im Idealfall handelt es sich gar um ein zweckorientiertes Ereignis (vgl. Schäfer-Mehdi 2009, 9 f.). Bleibt die Frage offen worum es sich nun beim Event-Marketing handelt. Nufer definiert Event-Marketing als interaktives, erlebnisorientiertes Kommunikationsinstrument. Dieses dient der zielgerichteten, zielgruppen- und szenenbezogenen Inszenierung eigens initiierten Veranstaltung. Im Zusammenhang steht dabei die Planung, Realisation und Kontrolle im Rahmen einer integrierten Unternehmenskommunikation (vgl. Nufer 2002, 19). Er zieht daraus den Schluss, dass es sich beim Event-Marketing um ein strategisches Kommunikationsinstrument handelt (vgl. Nufer 2002, 19). Nickel beschrieb 1998 das Event-Marketing als „systematische Planung, Organisation, Durchführung und Kontrolle von Events innerhalb der Kommunikationsinstrumente Werbung, Verkaufsförderung, Public Relations oder interner Kommunikation" (Nickel 1998, 7). Betrachtet man beide Fälle, handelt es sich bei beiden um eine eigeninitiierte Veranstaltung innerhalb der Kommunikationspolitik eines Unternehmens. Im Mittelpunkt steht hierbei immer das Unternehmen beziehungsweise die Marke selbst (vgl. Bordne 2006, 32). Vereinfacht lässt sich also sagen, dass wenn ein Marketing-Event als strategische Maßnahme innerhalb der Kommunikationspolitik eingesetzt wird, handelt es sich um Event-Marketing.

2.4 Ziele des Eventmarketing

Im Rahmen seiner Geschäftsexistenz verfolgt jedes Unternehmen gewisse Ziele. Diese Ziele sollen mit Hilfe des Eventmarketing schnellstmöglich und mit größtmöglicher Effizienz erreicht werden. Bevor die Ziele auf Führungsebene beschlossen werden können, muss eine Situationsanalyse durchgeführt werden. Mit Hilfe dieser soll der IST-Zustand des Unternehmens ermittelt werden. Es soll festgelegt werden wo die Stärken und wo die Schwächen liegen. Dementsprechend können die Ziele festgelegt beziehungsweise angepasst werden. Aushilfe kann hierbei die SWOT- Analyse (Strengths, Weaknesses, Opportunities, Threats) schaffen. Diese schafft einen Soll-Ist-Vergleich und lässt gezielt weiterarbeiten.

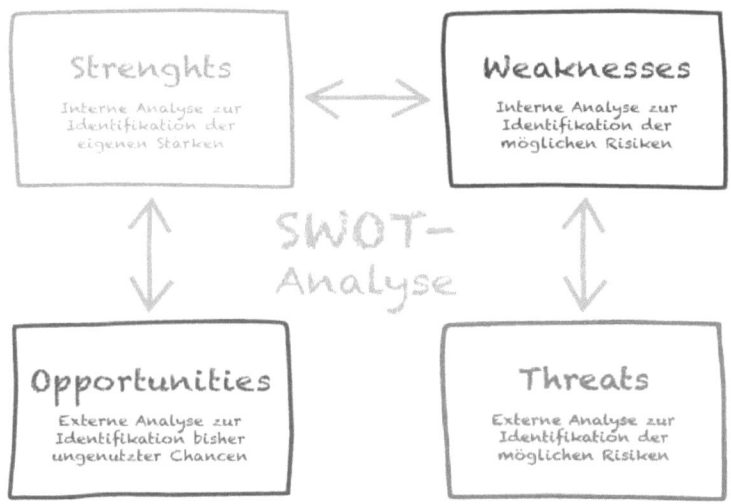

Abbildung 2: SWOT-Analyse (vgl. Max 2015)

Ist die Situationsanalyse abgeschlossen können die durch das Event-Marketing angestrebten Ziele formuliert werden. Wichtig ist, dass alle Ziele messbar, realistisch und erreichbar sind. Sie bilden die Grundlage für „die Ableitung von verhaltenswissenschaftlichen Anforderungen und von Wirkungsgrößen im Rahmen der Event-Marketing-Kontrolle" (Nufer 2012, 58). Die Ziele dienen also als Bewertungsmaßstäbe für die durchgeführte Veranstaltungskonzeption und der anschließenden Erfolgskontrolle (vgl. Sträßer 2001, 27).

Grundsätzlich lässt sich zwischen operativen und strategischen Zielen unterscheiden. Das Erreichen der operativen Ziele ist Voraussetzung für das Erreichen der strategischen Ziele. Operative Ziele umfassen jene Ziele, die von kurzfristiger Wirkung sind. Darauf bauen die strategischen Ziele auf und sind von mittel- bis langfristiger Wirkungsdauer.

Weiterhin kann zwischen drei Zieldimensionen unterschieden werden (vgl. Nufer 2012, 58).:

→ **streutechnische Ziele** (z.B. Kontaktziele)

→ **psychologische Ziele** (z.B. Bekanntheit, Image)

→ **ökonomische Ziele** (z.B. Gewinn, Marktanteil)

Die operativen, streutechnischen Ziele bilden einen sehr wichtigen Aspekt des Event-Marketings. Denn bevor der Kunde ein Produkt oder eine Dienstleistung eines Unternehmens konsumieren kann, muss Kontakt hergestellt werden. Die erste Kontaktaufnahme erfolgt hierbei schon vor dem eigentlichen Event per Einladung beziehungsweise medialer Kommunikation. Eine geschlossene Anteilnahme an einem spezifischen Event stellt das Hauptziel der Kontaktaufnahme dar. Gelingt es dieses Ziel bestmöglich umzusetzen, profitiert die Inszenierung des Events als Mittel der Unternehmenskommunikation und wirkt noch effektiver (vgl. Nufer 2012, 58). Da die Anzahl der Teilnehmer zudem stark von Werbung oder Direktmarketing abhängig ist, ist die Eignung dieses Ziels in Frage zu stellen, da allgemeine Anforderungen an Kommunikationsziele wie selektive Steuerungskraft oder Reagibilität nicht oder nur eingeschränkt erfüllt werden (vgl. Nufer 2012, 59).

Die ökonomischen Ziele umfassen Aspekte wie den Gewinn beziehungsweise den Umsatz. Da diese Größen vorwiegend durch den gesamten Marketing-Mix determiniert werden, kann auch hier der Beitrag des einzelnen Kommunikationsmittels nicht genau ermittelt werden (vgl. Sträßler 2001, 28).

Für das Event-Marketing steht an erster Stelle das Erreichen der psychologischen Ziele. Es sollen Bekanntheit gesteigert und das Image optimiert werden. Ziel muss es sein die Zielgruppe emotional zu erreichen und ein positives Gefühl mit dem Unternehmen beziehungsweise mit der Marke zu kreieren. Die psychologischen Ziele lassen sich wieder in kurzfristige und langfristige Ziele oder Zielreaktionen einteilen. Man unterscheidet zwischen kurzfristigen affektiven Reaktionszielen und langfristigen kognitiven Reaktionszielen. Die affektiven Reaktionen setzen während oder kurz nach dem Event ein und lösen gewisse Emotionen beim Rezipienten aus. Die auf kognitiver Ebene langfristigen Ziele bauen auf den ausgelösten Emotionen auf und sind dauerhafte Reaktionen. Die Veränderung der Wahrnehmung der Marke ist hierfür ein Beispiel (vgl. Sträßler 2001, 28).

Die konativen Reaktionsziele beziehen sich auf die Handlungsabsichten der Rezipienten und bilden die langfristigsten Ziele des Event-Marketing.

Nufer unterscheidet bei der Zielsetzung zusätzlich zwischen internen und externen affektiven sowie kognitiven Zielen. Die folgende Abbildung zeigt die Einteilung der psychologischen Kommunikationsziele in vier Gruppen:

Affektiv-orientierte externe Ziele	Kognitiv-orientierte externe Ziele
• Emotionales Erleben von Unternehmen und Produkten bzw. Marken • Aufbau, Pflege oder Modifikation des Unternehmens- bzw. Markenimage • Emotionale Markenpositionierung • Integration der Marke und ihrer Inhalte in die Erlebniswelt des Rezipienten • Aktivierung der Wahrnehmung • Aufbau und Pflege einer Beziehung zwischen Unternehmen und Kunden auf der Basis eines kollektiven Erlebnisses • Erreichen von Sympathie und Glaubwürdigkeit • Einstellungsänderung bei der Zielgruppe	• Bekanntmachung insbesondere neuer Produkte • Vermittlung von Schlüsselinformationen über Produkte • Aktive Auseinandersetzung der Teilnehmer mit der Thematik • Kontaktpflege mit ausgewählten Kunden, Meinungsführern und Medienvertretern
Affektiv-orientierte interne Ziele	**Kognitiv-orientierte interne Ziele**
• Motivation der Mitarbeiter • Identifikation der Mitarbeiter mit dem Unternehmen • Integration der Mitarbeiter • Schaffung eines Zugehörigkeitsgefühls	• Fachwissen • Weiterbildung • Persönliche Fähigkeiten • Kundenbewusstsein

Abbildung 3: Psychologische Kommunikationsziele des Event-Marketing (vgl. Nufer, 60)

2.5 Zielgruppendefinition /-findung

Sind alle Kommunikationsziele definiert, muss die Frage gestellt werden welche Teilnehmer eingeladen werden müssen, um diese auch zu erreichen. Die Zielgruppe muss bestimmt werden. Unter einer Zielgruppe versteht man Personengruppen, die homogen in Bezug auf das Konsumverhalten handeln. Gemeinsamkeiten gehen über die soziodemographischen Eigenschaften wie Geschlecht oder Alter hinaus und beziehen sich auf Faktoren wie Bedürfnisse oder Erwartungen (vgl. Walther 2013). Je genauer und detaillierter die Zielgruppe bestimmt wird, desto gezielter und erfolgreicher kann das Event-Marketing greifen.

Da die Formulierung der Zielgruppen und die Formulierung der Event-Marketing-Ziele stark voneinander abhängig ist, sollte dies im Idealfall parallel geplant werden (vgl. Meffert/ Bolz 1998, 192). Im ersten Schritt der Zielgruppenanalyse bietet sich eine erste Einteilung in interne und externe Zielgruppen an. Zur internen Zielgruppe zählen unter anderem Mitarbeiter oder die Führungskräfte. Die externe Zielgruppe umfasst potentielle sowie bisherige Besucher. Zur weiteren Bestimmung der Zielgruppe wird hierfür in drei weitere Basiszielgruppen unterteilt:

→ **Primärzielgruppe:**

Unter die Gruppe der Primärzielgruppe fallen alle direkten Teilnehmer des Events. Die primäre Zielgruppe kann während des Events, durch Teilnahme, emotional angesprochen werden. „Mit der Primärzielgruppe kann interaktiv kommuniziert werden" (Nufer 2012, 62).

→ **Sekundärzielgruppe:**

Die Sekundärzielgruppe beschreibt diejenigen die nicht unmittelbar direkt an der Veranstaltung beteiligt sind, sich aber vor Ort befinden und stellt die Gruppe der Medienvertreter dar. Diese sollen über das Event berichten und als Multiplikator dienen. Zusätzlich bilden sie das Bindeglied zwischen der direkt teilnehmenden Primärzielgruppe und der nicht anwesenden Tertiärzielgruppe.

→ **Tertiärzielgruppe:**

Die Tertiärzielgruppe nimmt nicht am Event teil und ist nicht vor Ort. Durch Berichterstattung der Medien oder Mund-zu-Mund-Kommunikation erhält sie allerdings Informationen über die Veranstaltung.

Prinzipiell beeinflusst diese Dreiteilung jedoch nicht die Wertigkeit der verschiedenen Zielgruppen, sondern leitet lediglich eine unterschiedliche Zielsetzung ein. Da das Event-Marketing hingegen auf eine emotionale

Aktivierung aus ist, welche per Vor-Ort-Erlebnisse ausgelöst werden, steht die Primärzielgruppe im Rahmen des Eventmarketing-Planungsprozesses im Fokus. Somit sollte die Inszenierung des Events explizit auf diese ausgerichtet werden, um eine emotionale Aktivierung garantieren zu können.

Um die Zielgruppe noch genauer bestimmen zu können, erfolgt im nächsten Schritt die Charakterisierung. Anhand von soziodemographischen und psychographischen Merkmalen kann dies bestimmt werden. Zu den soziodemographischen Merkmalen gehören unter anderem das Geschlecht, das Alter, der Familienstand, die Nationalität aber auch zum Beispiel das Haushaltsnettoeinkommen. Unter die psychographischen Merkmale fallen beispielsweise die Werte eines Menschen, das Konsumverhalten, die Interessen oder Meinungen. Ein wirklichkeitsgetreues Bild schaffen die sogenannten Sinus-Milieus. Sie beschreiben die Orientierung und Befindlichkeit der Menschen, deren Werte, Lebensstile und Einstellungen sowie den sozialen Hintergrund. Für das Event-Marketing sehr wichtig, ermöglichen sie eine Sicht aus der des Rezipienten und lassen sie besser verstehen. „Mit den Sinus-Milieus kann man die Lebenswelten der Menschen somit von innen heraus verstehen, gleichsam in sie eintauchen." (Sinus-Milieus 2018). Die folgende Abbildung (Abb. 5) zeigt die im Jahre 2018 bestehenden Sinus-Milieus in Deutschland:

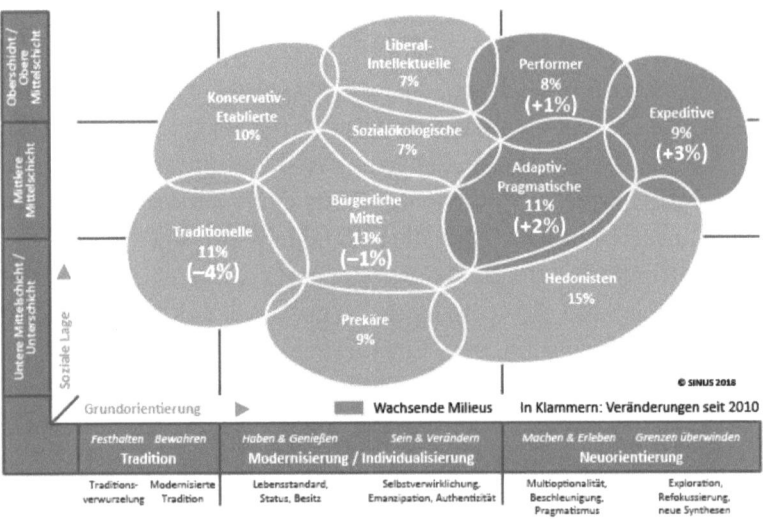

Abbildung 4: Sinus-Milieus in Deutschland Jahr 2018 (vgl. Sinus 2018)

2.6 Erscheinungsformen & Einsatzmöglichkeiten

Aufgrund der inflationären Benutzung des Wortes Event und der Eventisierung unserer Gesellschaft, werden eine Vielzahl an Veranstaltungen zum Event. Obgleich diese sehr unterschiedlich sein können, haben sie alle zwei Dinge gemeinsam. Sie haben einen Anlass und verfolgen ein bestimmtes Ziel. Um die einzelnen Erscheinungsformen systematisieren zu können wird anfangs in interne Unternehmensevents, externe Unternehmensevents und duale Markenevents unterschieden. Ein internes Event hat zur Aufgabe Marken- und Unternehmenswerte, sowie Informationen an die Mitarbeiter zu vermitteln. Sie dienen der Motivation, Identifikation oder Mitarbeiterbindung. In Form von exquisitem Catering oder einer ansprechenden Location kann das Event-Marketing auch hier die Rezipienten emotional ansprechen. Ein externes Unternehmensevent hat das Ziel bei der externen Zielgruppe positive Erinnerungen und positive Assoziationen auszulösen. Somit soll ein Imagetransfer bezüglich des Unternehmens, der Marke oder des Produktes erfolgen. Das größte Spektrum bilden die Mischformen. Diese richten sich sowohl an die interne als auch an die externe Zielgruppe und sind ideal um das Unternehme über die Medien oder per Mund-zu-Mund-Kommunikation bekannt zu machen. Zusätzlich kann die Beziehung zwischen Unternehmen beziehungsweise Mitarbeitern und Geschäftspartnern gestärkt werden. Analog zu Bruhn kann eine weitere Typologisierung erfolgen. Je nach Veranstaltungsart und -ziel kann in drei Typen unterschieden werden (vgl. Bruhn 1997, 779ff):

Arbeitsorientierte Veranstaltungen fokussieren sich auf den Informationsaustausch und haben das Ziel kognitive Reaktionen bei den Teilnehmern auszulösen. Eine Produktschulung wäre hierfür ein Beispiel.

Freizeitorientierte Veranstaltungen fungieren primär als Unterhaltung der Teilnehmer. Hinzukommend sollen sie eine starke emotionale Wirkung generieren. Bruhn nennt hier die Incentive-Reisen als Beispiel.

Infotainment Veranstaltungen bilden eine Mischform der beiden und dienen als Informationsvermittlung durch ein emotionales Unterhaltungsprogramm. Sie tragen zu einer höheren Aktivierung und Aufnahmebereitschaft bei. Beispielsweise eine Produktvorstellung begleitet von einer multimedialen Präsentation. Ergänzend dazu nennt Bruhn drei weitere Abgrenzungsmerkmale in Bezug auf das Eventmarketingkonzept:

Anlassorientiertes Eventmarketing dienen der Unternehmensdarstellung hinsichtlich historischer oder geschaffener Anlässe. Jubiläumsfeiern sind hierfür ein Beispiel.

Markenorientiertes Eventmarketing soll die Marke emotional positionieren und in der Erlebniswelt des Rezipienten dauerhaft verankert werden.

Anlass- und markenorientiertes Eventmarketing ist beispielsweise eine Produkteinführung. Das Event bezieht sich hierbei auf einen zeitlich festgelegten Anlass und soll produkt- beziehungsweise markenbezogene Botschaften vermitteln.

Um alle Kategorisierungsansätze zu einem Gesamtkonzept zusammenzubringen, werden diese in einer dreidimensionalen Grafik dargestellt. Nufer integriert hierbei die Inszenierung, die Zielgruppe und das Konzept des Eventmarketing als Systematisierungskategorien. Die folgende Abbildung zeigt dies in Form eines dreidimensionalen Würfels (Abb. 6):

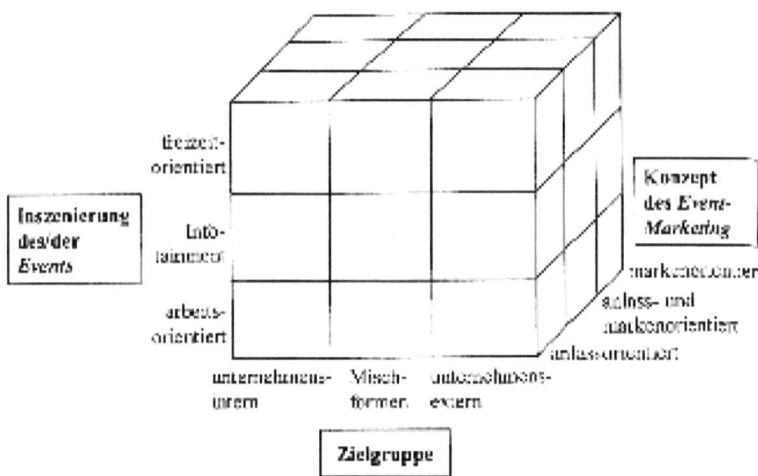

Abbildung 5: Dreidimensionale Typologie der Event-Marketing-Formen (vgl. Nufer 43)

Durch diese Darstellung ist man in der Lage zwischen 27 verschiedenen Event-Typen zu unterscheiden und überschneidungsfrei voneinander abzugrenzen. Jedoch kann die Vielfalt der realen Erscheinungsformen auch hiermit nicht vollständig eingefangen werden (vgl. Nufer 2012, 44).

2.7 Integration des Event-Marketing in den Marketing -/ Kommunikationsmix

Die Integration des Event-Marketing ist zentraler Bestandteil des Planungsprozesses beziehungsweise der Unternehmenskommunikation. Um ein effektives und harmonierendes Auftreten des Unternehmens zu garantieren muss das Eventmarketing eine strategische Ausrichtung erhalten und von Beginn an in die bestehende Unternehmenskommunikation integriert werden. Da das Event-Marketing ein unterstützendes Instrument gegenüber anderen unternehmerischen Maßnahmen ist, soll durch Abstimmung mit anderen Kommunikationsinstrumenten, die langfristig verfolgten Kommunikationsziele erreicht werden. Zu beachten hierbei ist, dass die gewählten Kommunikationsinstrumente inhaltlich, formal und zeitlich das Gleiche aussagen. Ziel der integrierten Kommunikation ist es, über so viele Kanäle wie möglich, die Marketingbotschaft des

Unternehmens, unter Einhaltung der inhaltlichen, formalen und zeitlichen Vorgaben zu transportieren.

2.7.1 Inhaltliche, formale, zeitliche Integration

Die **inhaltliche Integration** beschreibt die thematische Verbindung des Eventmarketing mit anderen Kommunikationsinstrumenten. Ziel ist es eine Widerspruchsfreiheit zu erlangen und die inhaltlichen Aussagen gegenseitig zu verstärken. Durch das Eventerleben sollen die vorhandenen Wissensstrukturen der Teilnehmer verstärkt und vertieft werden.

Teil der **formalen Integration** ist die grundsätzliche Einhaltung der Gestaltungsprinzipien des Unternehmens. Es geht darum ein einheitliches Öffentlichkeitsbild zu schaffen. In der Literatur wird hierbei auch von Corporate Identity gesprochen. Es soll ein Wiedererkennungswert bei der Zielgruppe erzeugt werden.

Um die Sicherstellung der zeitlichen Abstimmung zwischen den verschiedenen Kommunikationsinstrumenten gewährleisten zu können, muss eine **zeitliche Integration** in den Kommunikationsmix erfolgen. Additional soll die zeitliche Kontinuität innerhalb eines Kommunikationsinstrumentes garantiert werden.

2.7.2 Kommunikationsinstrumente/ -maßnahmen

Wie schon genannt, fungiert das Event-Marketing eher als eine unterstützende Maßnahme und wird diesbezüglich in Verbindung mit anderen Kommunikationsinstrumenten eingesetzt. Mit dieser Vernetzung kann das Event-Marketing seine Wirkung optimal entfalten (vgl. Nufer 2012, 91). Nufer erstellte basierend auf einer detaillierten Literaturrecherche eine Tabelle, die mögliche Vernetzungs- bzw. Synergiepotentiale des Event-Marketing mit klassischen und nicht-klassischen Kommunikationsinstrumenten zeigt (vgl. Nufer 2012, 91). Folgende vier Beispiele werden die Vielfalt der Vernetzung von Event-Marketing mit anderen Kommunikationsinstrumenten aufzeigen:

- **Eventmarketing in Verbindung mit Werbung**: Durch die künstliche Welt der Werbung und der realen inszenierten Welt des Eventmarketings, wird das Event emotional erlebbar. Die zu vermittelnde Botschaft wird durch die emotionale Aktivierung beim Rezipienten vermittelt. Es orientiert sich dabei an den Vorgaben der Werbung, kann allerdings umgekehrt auch als Inspiration für die Werbung dienen.

- **Eventmarketing in Verbindung mit Public Relations**: Die Inhalte der Öffentlichkeitsarbeit können seitens des Event-Marketings entstehen. So können Medien über die Veranstaltung und deren Veranstalter berichten. Andererseits kann durch PR-Arbeit im Vorfeld auf das Event aufmerksam gemacht werden. Im Nachhinein findet eine Berichterstattung statt, um die Tertiärzielgruppe erreichen zu können und die Eventbotschaft zu verbreiten.

- **Eventmarketing in Verbindung mit Product-Placement:** Auf Grund der begrenzten inhaltlichen Einflussmöglichkeiten auf das Product-Placement ist die Abstimmung dieser beiden Instrumente schwierig. Ziel muss es somit sein, beide Instrumente zielgruppenkongruent miteinander zu verknüpfen.

- **Eventmarketing in Verbindung mit Directmarketing**: Beim Einsatz von Directmarketing-Maßnahmen kann das Eventmarketing Themen liefern und durch emotionale Aktivierung der Teilnehmer, zum zentralen Bezugspunkt werden. Das Directmarketing kann im Vorfeld durch beispielsweise persönliche Einladungen Vorfreude wecken und im Nachfeld Erinnerungen an das Event aufleben lassen.

2.7.3 Eventmarketing als Instrument der Kommunikationspolitik

Ist die Integration des Event-Marketing mit anderen Kommunikationsinstrumenten inhaltlich, formal und zeitlich abgestimmt ist ein stimmiger Gesamtauftritt erfüllt und die Wirkung des Eventmarketings wird verstärkt. In Anbetracht des ganzheitlichen Marketings wurde das Eventmarketing deutlicher positioniert. Das Eventmarketing entwickelt, unter gesamtheitlicher Betrachtung aller Marketingaspekte und dem Einsatz aller Marketing-Mix-Faktoren, strategische Konzepte zur Verwirklichung der unternehmenskommunikativen Ziele. Um jedoch das Eventmarketing als Instrument der Kommunikation im Marketing-Mix erfolgreich einsetzen zu können, ist es zwingend notwendig, die 4 Säulen des Marketings zu verstehen. Diese Säulen oder auch Faktoren werden in der Literatur häufig als die 4 P's dargestellt (vgl. Meffert/ Burmann/ Kirchgeorg/ Eisenbeiß 2018, 20).

Traditionell setzt sich der Marketing-Mix aus Folgenden vier Instrumentenbereichen zusammen:

- Product: Produkt-/ Leistungspolitik
- Price: Preispolitik
- Place: Absatz-/ Distributionspolitik
- Promotion: Kommunikationspolitik

Diese Faktoren sind für jedes Produkt, jede Dienstleistung oder Marke gleichbleibend. Ihre Kombination und Harmonie sind letztendlich entscheidend über Erfolg oder Misserfolg eines Produktes. Obgleich im modernen Marketingverständnis für Konsumgüter die Differenzierung in die „traditionellen" 4P's immer noch gültig ist, wird im Dienstleistungsmarketing um drei weitere Instrumentbereiche erweitert (vgl. Meffert/Bruhn/Hadwich 2015):

- People: Mitarbeiterqualifikation, Dienstleistungspersonal
- Process: Dienstleistungserbringungsprozess
- Physical Facilities: physisch fassbare Leistungspotenzial des Anbieters

Die Kunst im Marketing ist die ganzheitliche Betrachtung der Komponenten, da das eine nie ohne das andere funktioniert. Das beste Produkt kann nicht platziert werden, wenn es keinen Abnehmer findet und bei falsch definierter Zielgruppe verläuft auch die beste Kommunikationsstrategie erfolglos.

3 Wirkung und Erfolg des Eventmarketing

Im folgenden Kapitel wird die Wirkung und der Erfolg hinsichtlich des Eventmarketing untersucht. Es wird näher auf die Wirkungsforschung und deren Aufgabenfelder eingegangen und ermittelt welche Rolle die emotionale Konditionierung dabei spielt. Anschließend wird auf die Kontrolle des Erfolgs eingegangen und die Aufgaben und Probleme der Erfolgskontrolle thematisiert.

3.1 Wirkung des Eventmarketing

Das Kommunikationsinstrument Eventmarketing ist ein Instrument, welches gewisse Reaktionen beim Rezipienten auslöst. Diese Reaktionen werden allgemein als Wirkung bezeichnet und lassen sich in innere, nicht sichtbare und sichtbare, äußere Reaktionen aufteilen. Die nicht sichtbaren, inneren Vorgänge werden in der Literatur als kommunikative Reaktionen bezeichnet. Erinnerungen oder Einstellungen eines Menschen wären hierfür ein Beispiel. Äußere, sichtbare Vorgänge werden dagegen als ökonomische Wirkungen bezeichnet und zeigen sich beispielsweise durch den Kauf eines Produktes. Da jedoch für das Eintreten der ökonomischen Wirkung zuvor eine kommunikative Wirkung erfolgen muss, steht diese im Fokus des Eventmarketing.

3.1.1 Wirkungsforschung im Eventmarketing

Die Wirkungsforschung spielt eine wichtige Rolle, da erst mit der durch sie bereitgestellten Informationen, ein zielgerichteter Einsatz des Eventmarketing möglich ist. Im Rahmen der Planung, Integration, Realisation und Kontrolle liefert die Wirkungsforschung entscheidungsunterstützende Kenntnisse (vgl. Hermanns 1997, 109ff.). Die Wirkungsforschung liefert zudem die nötigen Informationen, um eine erfolgreiche Erfolgskontrolle garantieren zu können. Zu den wichtigsten Aufgaben der Eventmarketing-Wirkungsforschung zählt unter anderem festzustellen, in welchem Ausmaß, innere Abläufe beziehungsweise Wirkungen mit Hilfe des Eventmarketings beeinflusst werden können. Zusätzlich soll durch die Wirkungsforschung erklärt werden, wie die Wirkungen zustande kommen. Dadurch sollen Erkenntnisse erlangt werden, inwiefern welche Bedingung erfüllt werden muss. Unter anderem sollen Methoden entwickelt werden mit Hilfe dessen man die Eventmarketing-Wirkung messbar machen kann und die Wirkung mit denen anderer Kommunikationsinstrumente vergleichen kann.

Folgende Abbildung soll in Anlehnung an Hermanns die wesentlichen Aufgaben der Wirkungsforschung aufzeigen. Eine Einteilung in theoretische und empirische Forschungsfelder verschaffen einen besseren Überblick:

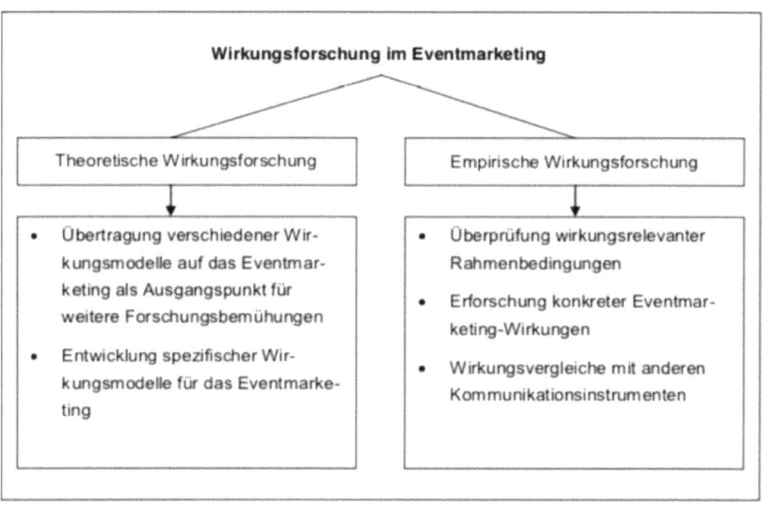

Abbildung 6: Aufgabenfelder der Wirkungsforschung im Eventmarketing (vgl. Nufer, 111)

3.1.2 emotionale Konditionierung

Ob das Event-Marketing die nötige Wirkung und den daraus resultierenden Erfolg erzielen kann, hängt unter anderem davon ab, wie erfolgreich die emotionale Konditionierung ablief. Unter einer emotionalen Konditionierung versteht man einen Prozess, bei dem eine emotionale Reaktion auf bis dato neutrale Reize hervorgerufen wird. Diesbezüglich wird ein neutraler Reiz wiederholt mit einem emotionalen Reiz verbunden, bis der ehemals neutrale Reiz eine beabsichtigte emotionale Reaktion bewirken kann (vgl. Maier 2018). Übertragend auf das Event-Marketing wird eine Marke oder ein Produkt (neutraler Reiz) wiederholt in Verbindung mit einem emotionalen Reiz gebracht und erhält dadurch einen emotionalen

Wert. Ziel ist es, einen neutralen Firmen- bzw. Produktnamen emotional insofern zu bestimmen, dass dieser das Konsumverhalten des Rezipienten positiv anregt.

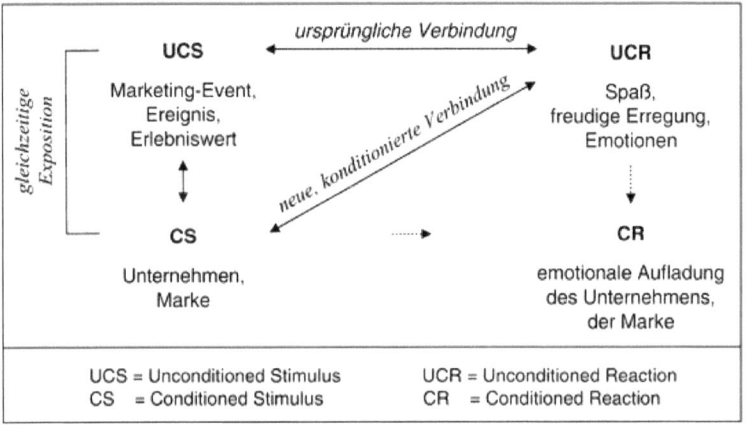

Abbildung 7: Emotionale Konditionierung beim Event-Marketing (vgl. Nufer, 142)

Nufer beschreibt diese Werbewirkung anhand eines emotionalen Konditionierungsprozesses und unterscheidet in konditionierte und unkonditionierte Reize (vgl. Abbildung 7):

Das Marketing-Event als Unconditioned Stimulus (UCS) erzeugt beim Teilnehmer in Form von Spaß und freudiger Erregungen eine Unconditioned Reaction (UCR). Begleitend zu diesen positiven Emotionen nimmt der Teilnehmer in diesem „Rausch der Emotionen" Informationen über das Unternehmen bzw. die Marke (Conditioned Stimulus, CS) auf, welches das Event veranstaltet. Daraufhin verbinden sich CS und UCR zu einer neuen Conditioned Reaction (CR) und bewirken eine emotionale Aufladung in Bezug auf das Unternehmen bzw. die Marke (vgl. Nufer 2012, 140). Somit lernen die Rezipienten eine Marke mit Emotionen zu verbinden.

3.2 Erfolgskontrolle

„Nach dem Spiel ist vor dem Spiel!" einer der bekanntesten Sätze im Sportgeschäft. Dieser Satz lässt sich sehr gut auf das Event-Marketing übertragen, denn „vor der Veranstaltung ist nach der Veranstaltung". Die

Erfolgskontrolle kontrolliert systematisch die Eventmarketing-Aktivitäten und liefert so wichtige Informationen für bevorstehende Events.

3.2.1 Bedeutung der Erfolgskontrolle

Die Erfolgskontrolle spielt eine der wichtigsten Rollen im Rahmen des Eventmarketings, denn nur durch den Nachweis des Erreichens der definierten Kommunikationsziele, kann das Eventmarketing als ergänzendes Kommunikationsinstrument langfristig angesehen werden (vgl. Sistenich 1999, 268). Voraussetzung für eine erfolgreiche systematische Erfolgskontrolle, sind die klare Definition der Ziele. Operative und strategische Ziele bilden den Schwerpunkt der Zielsetzung, wobei in Bezug auf das Eventmarketing strategische, längerfristige Ziele wichtiger einzustufen sind. Die Erfolgskontrolle sollte sich über alle Phasen des Eventmarketings erstrecken, um so nicht nur eventuelle Zielabweichungen festzustellen, sondern auch die Ursachen der Abweichungen transparent zu machen (vgl. Drengner, Zanger 1999). In Bezug auf das Eventmarketing lässt sich die Erfolgskontrolle in drei Kontrollebenen einteilen: die **Prämissenkontrolle**, die **Ablaufkontrolle** und die **Ergebniskontrolle**.

Ziel der Erfolgskontrolle ist es, systematisch die Gesamtheit der kurz- und langfristigen Wirkungen bei den Rezipienten zu erfassen, verstehen wie diese Wirkungsmechanismen funktionieren, diese mit den gesetzten Zielen zu vergleichen und weitere Handlungsempfehlungen für die strategische Marketingplanung zu formulieren (vgl. Zanger 1998, 73ff.)

3.2.2 Aufgaben der Erfolgskontrolle

Wie schon erwähnt hat die Erfolgskontrolle die Aufgabe, systematisch alle Eventmarketing-Aktivitäten zu überprüfen. Dabei sollen Fehler aufgedeckt werden, aber auch gut getroffene Entscheidungen transparent gemacht werden. Dieser Prozess erfolgt parallel zu den Eventmarketing-Aktivitäten und beginnt schon bei den in Kapitel 2 angesprochenen Planungsphasen. Die angesprochene Einteilung in die verschiedenen Kontrollebenen wird in den folgenden Teilkapiteln näher erläutert.

3.2.2.1 Prämissenkontrolle

Da durch die in der strategischen Vorbereitungsphase getroffene Entscheidungen die Basis für den Erfolg oder Misserfolg des Eventmarketings gelegt wird, muss bereits hier die Prämissenkontrolle aktiv werden. Diese soll zeigen ob die Entscheidungen der Planungsphase korrekt getroffen wurden, d.h. es findet eine Überprüfung der Situationsanalyse zu Beginn der Konzeption statt (vgl. Sträßler 2001, 87). Insbesondere die Zielgruppenanalyse spielt eine wichtige Rolle der Prämissenkontrolle. Es wird geprüft ob die richtigen Teilnehmer für das Event ausgewählt wurden und ob das Event den Bedürfnissen der Zielgruppe gerecht wird. Prinzipiell wird durch die Prämissenkontrolle ermittelt ob, im Rahmen der integrierten Unternehmenskommunikation, das Event-Marketing das geeignete Instrument für die Übermittlung der Unternehmensbotschaft ist (vgl. Erber 2000, 106). „Letztendlich ist der Stellenwert des Eventmarketing im Kommunikationsmix des Unternehmens kritisch zu betrachten und gegebenenfalls neu zu definieren" (Drengner/ Zanger 1999).

3.2.2.2 Ablaufkontrolle

Aufgabe der Ablaufkontrolle ist die Überwachung der Entwicklung des Events, der Inszenierung und der Nachbereitung des Events. Es sollen Schwachstellen, die während des Events auftreten und für eventuelle Zielabweichungen verantwortlich sind, ermittelt werden. Bezüglich des Einsatzes von Events kommt der Ablaufkontrolle eine besondere Bedeutung zu, da trotz korrekter Vorarbeit, das Event bereits wegen einer kleinen Verärgerung der Teilnehmer das Eventziel verfehlen könnte. Dies könnte zu einer dauerhaften negativen Einstellung gegenüber dem Unternehmen führen. Somit müssen alle Einzelmaßnahmen geprüft und gegebenenfalls korrigiert werden.

3.2.2.3 Ergebniskontrolle

Die Ergebniskontrolle soll zeigen welche kommunikative Wirkung das Event bei den Teilnehmern bewirkt hat und bezieht sich hauptsächlich auf die Inszenierungs- und Nachbereitungsphase. Mit Hilfe eines Soll-Ist-Vergleiches soll ermittelt werden, ob die gestellten Eventmarketing-Ziele erfüllt wurden. Die Ergebniskontrolle kann auf zwei Dimensionen durchgeführt werden. Die Ereignisdimension und die Markendimension. Die Ereignisdimension zielt auf die kurzfristige Wirkung des Events auf die Rezipienten ab. Dabei wird die eigentlich zu vermittelnde Event-Botschaft nicht berücksichtigt. Die Markendimension dagegen untersucht die kurz- und langfristigen Wirkungen des Marketing-Events auf die Teilnehmer in Bezug auf die Marke beziehungsweise das Unternehmen. Während die Ereignisdimension also versucht zu bestimmen welche Wirkung die Veranstaltung bewirkt hat und ob sie den Teilnehmern gefallen hat, nutzt die Markendimension die Informationen der Ereignisdimension und ermittelt, ob sich daraus Konsequenzen für die Marke bzw. das Unternehmen ergeben haben (vgl. Bordne 2006, 85). Die Messung dieser Wirkungen erfolgt während der Ergebniskontrolle zu drei verschiedenen Zeitpunkten. Die folgende Abbildung zeigt diese Messzeitpunkte (Abb. 8):

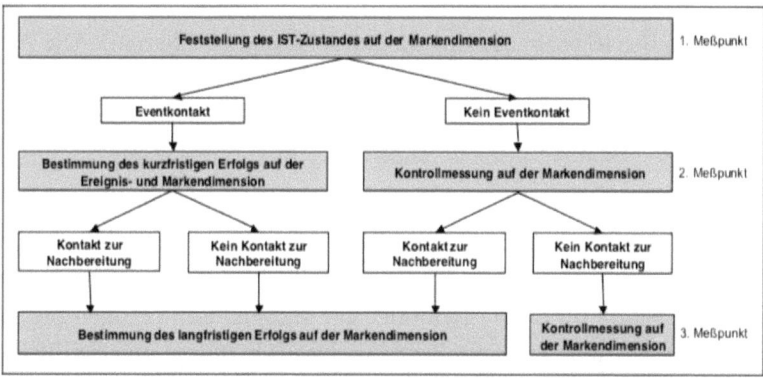

Abbildung 8: Messzeitpunkte bei der Ergebniskontrolle (vgl. Drengner/ Zanger, 5)

Die Pre-Messung ist der erste von drei Messpunkten im Rahmen der Ergebniskontrolle. Mit Hilfe dessen wird der Ist-Zustand der Markendimension erhoben, um so einen Einfluss des Events auf genannte Dimensionen feststellen zu können.

Der zweite Messpunkt erfolgt während des Events oder unmittelbar danach. So lässt sich mittels Befragung und Beobachtung die kurzfristige Wirkung auf beiden Dimensionen ermitteln.

Hinsichtlich des dritten Messpunktes muss zwischen der Ereignisdimension und Markendimension differenziert werden. Daten bezüglich der Ereignisdimension können ausschließlich von Event-Teilnehmern erhoben werden. Daten zur Beurteilung der Markendimension hingegen lassen sich auch zu einem späteren Zeitpunkt ermitteln. Hierfür können auch Personen befragt werden, die nicht an der Veranstaltung teilgenommen haben. Dadurch werden nicht nur die Aktivitäten in der Nachbereitungsphase geprüft, sondern es ermöglicht auch eine Evaluierung des langfristigen Erfolges des Event-Marketings.

3.2.3 Probleme der Erfolgskontrolle

Im Rahmen der Erfolgskontrolle können jedoch einige Fehler auftreten. Dies trifft auf alle Kommunikationsinstrumente zu. Durch die Besonderheit des Event-Marketing treten jedoch mehr Probleme auf.

Wie schon erwähnt handelt es sich beim Event-Marketing meist um ein ergänzendes Kommunikationsinstrument und läuft parallel mit anderen Kommunikationsinstrumenten. Aus diesem Grund ist eines der Hauptprobleme des Eventmarketing die Zurechnungsproblematik. Die Wirkungen der gesamten Aktivitäten lassen sich bei parallellaufenden, sich ergänzenden Kommunikationsinstrumenten kaum isolieren. Somit lässt sich nur schwer feststellen welche Maßnahme mehr oder weniger Erfolg hat.

Die Informationsbeschaffung durch Befragung der Teilnehmer bildet ein weiteres Problem hinsichtlich der Erfolgskontrolle. Durch technische Barrieren wie zum Beispiel Lautstärke oder Lichtverhältnisse ist die Durchführung relativ problematisch oder gar sinnlos. Befragungen bieten sich somit vorwiegend nach dem Event an. Da viele Teilnehmer den Veranstaltungsort nach Abschluss des Events sehr schnell verlassen, können diese, vorausgesetzt die Adressen sind bekannt, schriftlich kontaktiert werden um so weitere Informationen zu erheben. Jedoch besteht hierbei die Gefahr, dass die ersten Eindrücke der gebotenen Erlebnisse bereits wieder verblasst sind.

Zum anderen ist die Komplexität des Eventmarketings ein weiteres Problem im Rahmen der Erfolgskontrolle. Eine Standardisierung der Eventmarketing Erfolgskontrolle ist kaum möglich da es hinsichtlich Zielgruppen, Event-Typen oder Inszenierungsmöglichkeiten zu vielschichtig ist (vgl. Bordne 2006, 87).

Letztendlich schaffen externe Störeinflüsse ein weiteres großes Problem und sind nicht beeinflussbar oder kontrollierbar. Die vielfältigen Einflüsse der Umwelt sind dabei ein Aspekt und können den Ablauf des Events entscheidend beeinflussen. Schlechte Witterungsbedingungen bei Open-Air-Events oder technische Probleme hinsichtlich Events mit Multimedia-Einsatz sind mögliche Störeinflüsse.

4 Zukunftsvision des Eventmarketing

Die Eventbranche befindet sich in einem stätigen, fortwährenden Wandlungsprozess. Neue technische Innovationen, speziell aus den Bereichen Social Media und mobile Apps, kommen auf den Markt und die Erwartungen der Teilnehmer werden von Tag zu Tag anspruchsvoller. Anbieter müssen ständig bessere, einfachere, schnellere und günstigere Möglichkeiten anbieten können, um so den Ansprüchen, der immer bunter und sensibler werdenden Gesellschaft, gerecht zu werden. Es geht nicht mehr um die Frage „was ist das Event der Zukunft?", sondern darum die kleinen Fragen richtig zu stellen und zu beantworten, um so die individuell-vernetze globale Gesellschaft zu befriedigen.

In den folgenden Kapiteln wird untersucht worin die Zukunft des Eventmarketing liegt und welche Trends sich entwickeln werden. Es soll zudem analysiert werden inwiefern die Veränderungen der Gesellschaft und die der Unternehmenskommunikation hierbei eine Rolle spielen und ob das Eventmarketing auch in Zukunft den Erwartungen der Gesellschaft gerecht werden kann.

4.1 Veränderung der Märkte und Gesellschaft

Die Dienstleistungsgesellschaft sorgte für die Abdeckung der Grundbedürfnisse wie Nahrung, Arbeit und Unterkunft. Somit entwickelte sich die Gesellschaft weiter zu einer Erlebnisgesellschaft und das erlebnisintensive, ereignisreiche Leben stand im Mittelpunkt. Die polarisierenden Massenmedien sorgten für eine Reiz- und Informationsüberflutung, der gesellschaftliche Wertewandel hin zur Erlebnisgesellschaft und die gesättigten Märkte mit der Austauschbarkeit vieler Produkte, für die Veränderung des Marktes. Darüber hinaus ist mittlerweile selbst das alltägliche Wählen zwischen Möglichkeiten durch den bloßen Erlebniswert motiviert. Betrachtet man den Wertewandel der Gesellschaft genauer, ist dieser definiert als einen kontinuierlichen Wandel der gesellschaftlichen und individuellen Normen und Wertvorstellungen (vgl. HR-Lexikon 2018). Die traditionellen Werte der Pflicht und Unterordnung wurden durch neue Wertevorstellungen wie Selbstverwirklichung, Gleichberechtigung und Autonomie abgelöst. Das sich die Werte der Gesellschaft ständig ändern ist allgemein bekannt, jedoch scheint keine Klarheit über die Richtung der Veränderungen (vgl. Drengner 2003, 10). Einigkeit herrscht allerdings in Bezug auf die angesprochene erlebnisorientierte Lebensweise der Gesellschaft (vgl. Zanger/ Klaus 2004, 14ff).

Geprägt wird dies durch die Einstellung des Einzelnen am individuellen Subjekt. Durch die zielgerichtete Beeinflussung von außen wird versucht, gewünschte subjektive Ereignisse auszulösen (vgl. Drengner 2003, 10). Unabhängig von der materiellen oder postmateriellen beziehungsweise Pflicht- und Akzeptanzwerteorientierung, lässt sich bei jedem Konsumenten eine stärker oder schwächer ausgeprägte Erlebnisorientierung feststellen (vgl. Drengner 2003, 10). Diese stellt eine der größten Veränderungen der Gesellschaft dar und zeigt sich in vielen Situationen im öffentlichen Leben. Dies zeigt sich beispielsweise bei der Entwicklung einiger Freizeitbäder hin zu Erlebnisbädern oder bei der Tatsache das Begriffe wie Funsport, Abenteuersport oder Trendsport darauf aufmerksam machen, dass diese erlebnisorientierten Aktivitäten, herkömmliche Sportarten wie Turnen oder Leichtathletik, verdrängt haben (vgl. Drengner 2003, 11). Zudem zeigen empirische Studien, dass erlebnisbezogene Werte wie das eigene Glück, Selbstverwirklichung oder die simple Lebensfreude an Bedeutung gewinnen (vgl. Drengner 2003, 11). Somit gewinnt auch die Freizeit für den Menschen immer mehr an Bedeutung. Vergleicht man diesbezüglich den Anteil des Arbeitslebens an der gesamten Lebenszeit ist eine klare negativ Tendenz zu erkennen (vgl. Drengner 2003, 11). So lag der Anteil Anfang des 19.Jahrhunderts noch bei 67%, sank allerdings bis 1990 auf 50% und soll auch in Zukunft weiter sinken (vgl. Opaschowski 2001, 53). Daraus resultiert eine steigende Freizeit des Individuums. Die eindrucksvollen Ereignisse, die sich aus der größeren Freizeit ergeben zahlen sich in der Erlebnisrationalität aus (vgl. Drengner 2003, 11). Der materielle Wohlstand der Erlebnisgesellschaft der westlichen Welt macht sich auf den Märkten deutlich bemerkbar. So steigt das Angebot von Produkten und Dienstleistungen Tag für Tag (vgl. Meffert/ Bruhn 2003, 9). Der gesättigte Markt findet keine passende Nachfrage, was zur Folge hat, dass das wachsende Angebot der Güter, einen negativen Einfluss auf bedeutende Erfolgsfaktoren hat. So geht die Anzahl der Käufer eine Marke zurück, die Wiederkaufsrate sinkt oder die durchschnittliche Anzahl von

Wiederholungskäufen wird negativ beeinflusst. Eine Längsschnittstudie von Infratest Burke belegt dies (vgl. Drengner 2003, 13). Hierbei gerät auch das Kommunikationsinstrument des Marketing-Mix an seine Grenzen, da die Produkte und Dienstleistungen dieser Märkte als ausgereift gelten. Dies hat eine Angleichung der objektiven Qualität miteinander konkurrierenden Angebote zur Folge und sich daraus eine Austauschbarkeit der Produkte ergeben hat (vgl. Drengner 2003, 13). Diese bezieht sich nicht nur auf die objektive Qualität von Waren und Dienstleistungen, sondern auch auf die Kommunikation. Mit dem eigentlich als ideal geeignet eingestufte Kommunikationsinstrument des Marketing-Mix scheitern die meisten Unternehmen und der Aufgabe die Angebote des gesättigten Marktes voneinander zu differenzieren. Daraus resultiert meist eine ähnliche formale Aufmachung der Werbeträger oder eine inhaltliche gleiche und somit austauschbare Gestaltung der Werbebotschaft (vgl. Drengner 2003, 13). Diese Ähnlichkeiten führen zu Verwirrung und Verwechslungsgefahr beim Rezipienten. Mit Hilfe einer verstärkten Marktdifferenzierung wollen Unternehmen auf die zunehmende Marktsättigung reagieren und mit Hilfe dessen ausgewählte Marktsegmente besser als die Konkurrenz ansprechen. Es sollen Konsumenten für das eigene Produktsortiment gewonnen werden (vgl. Drengner 2003,13). Zu beachten ist hierbei jedoch, dass durch diese Reaktion der Unternehmen, der Markt für den Konsumenten noch unübersichtlicher wird. Eine Intensivierung und Weiterentwicklung der Marktkommunikation soll dies kompensieren (vgl. Kroeher-Riel/ Esch 2004, 26ff). Allerdings führt die Reaktion der Unternehmen zu einigen weiteren Komplikationen. Die erhöhte, unüberschaubare Informationskonkurrenz wird vom Konsumenten nicht mehr akzeptiert, was häufig mit einem steigenden Werbebudget verbunden ist, da diese sich gegen die ebenfalls verstärkt werbende Konkurrenz durchsetzen muss (vgl. Schierl 1997, 47ff). Aus dem Einsatz der klassischen Massenkommunikation bei sehr verschiedenartigen Handlungsbereichen resultieren nicht selten untragbare Streuverluste.

4.1.1 Digitalisierung

Einen großen Einfluss auf die Veränderung der Märkte und der Gesellschaft hat zweifelsohne die Digitalisierung unserer Welt. Die technologisch initiierte Digitalisierung begann Mitte der 90er Jahre und hatte erhebliche Auswirkungen auf die Beteiligten der Mikroumwelt sowie auf die der Makroumwelt (vgl. Meffert/Burmann/Kirchgeorg/Eisenbeiß 2018, 72). Die zur Verfügung stehenden Computerkapazitäten, die großen individualisierbaren vernetzten Datenmengen sowie der einfache, schnelle Gebrauch mobiler Geräte führte zu neuen betriebswirtschaftlichen und marktbezogenen Auswirkungen (vgl. Meffert/Burmann/Kirchgeorg/Eisenbeiß 2018, 72). Durch die zunehmende Einbeziehung kundenorientierter Daten hat die Digitalisierung die Möglichkeit bereitet noch schneller und vor allem individueller auf die Kundenwünsche einzugehen und diese zu erfüllen. Die Digitalisierung hat zudem nicht nur Auswirkungen auf nur eine Branche, sondern deckt branchenübergreifend mehrere ab. So bereichert die Digitalisierung durch schnelle Datenverarbeitung und -weitergabe, neben den Beschaffungs- und Produktionsprozessen auch die Vermarktungs- und Nutzungsprozesse (vgl. Meffert/Burmann/Kirchgeorg/Eisebeiß 2018, 72).

Resultierend aus den betriebswirtschaftlichen und marktbezogenen Effekten der Digitalisierung hat sich zudem das Konsum- und Kaufverhalten geändert. Infolge der schnellen Datenverarbeitung kombiniert mit diversen Suchmaschinen sind die Käufer aufgrund der hohen Informationstransparenz besonders aufgeklärt. Die Konsumenten vergleichen mehr und haben eine erhöhte Sensibilität gegenüber den Preisen der Produkte. Des Weiteren durchlaufen die Käufer einen durch die Digitalisierung entstandenen veränderten Kaufprozess, da es nun deutlich mehr Absatz- und Kommunikationswege gibt und zwischen diesen immer wieder gewechselt wird. Zudem ist die Kommunikation unter den Konsumenten größer geworden. Durch den technischen Fortschritt sind audio-visuelle Bereiche gewachsen und Bilder, Videos oder Musik werden miteinander geteilt (vgl. Meffert/Burmann/Kirchgeorg/Eisenbeiß 2018, 143). So werden über Kanäle wie beispielsweise Social-Media oder Online-Bewertungsplattformen Konsumerfahrungen geteilt und sich so gegenseitig beeinflusst. Dies führte wiederum dazu, dass sich die Digitalisierung mit dem Wertewandel verflochten und durch die einfachere Informationsbeschaffung und -transparenz die Digitalisierung den Wertewandel geprägt beziehungsweise beschleunigt hat (vgl. Meffert/Burmann/Kirchgeorg/Eisenbeiß

2018, 143). Seitens der Verkäufer hat die Digitalisierung neue Vertriebswege geebnet. Diese haben die Absatzmärkte verändert und bis dato indirekte Absatzkanäle wurden durch den direkten Vertrieb per Online-Absatzkanäle ersetzt (vgl. Meffert/Burmann/Kirchgeorg/Eisenbeiß 2018, 73). Letztlich stieg durch die Digitalisierung nicht nur der eigene Handlungsspielraum, sondern erhöhte zudem auch die Rivalität unter den Wettbewerbern. Zurückzuführen ist dies zum einen auf die Substitution von physischen Produkten, die gestiegene Informationstransparenz seitens der Nachfrager, den einfachen Markteinstieg und der Entstehung neuer Geschäftsmodelle die alten Modelle gefährden können (vgl. Laudon und Traver 2015, 346). Insbesondere durch die veränderten Lebensgewohnheiten hat die Digitalisierung das gesellschaftliche Umfeld beeinflusst. Konsumenten verlagern ihr Leben zunehmend in einen digitalen Kontext und interagieren online auf beispielsweise Social-Media-Plattformen miteinander.

4.1.2 Social Media

Im vorrangegangenen Kapitel wurde der Einfluss der Digitalisierung thematisiert. Im Zuge der Digitalisierung entwickelte sich auch die Welt der Social Media. Unter Social Media versteht man allgemein Community-Websites mithilfe dessen man Informationen, Erfahrungen und Meinungen austauschen kann (vgl. Weinberg 2012,1). Laut Statista ist die Anzahl der monatlich aktiven Social-Media-Nutzer vom Januar 2017 bis zum Januar 2018, von 2,79Mrd. auf 3,2Mrd. Nutzer gestiegen. Tendenz steigend (vgl. Statista 2018). Die hohe Anzahl der Nutzer ist ein Indiz dafür, dass sich die Kommunikation einen deutlich vermerkbaren Veränderungsprozess durchlebt hat. Mit der Entwicklung von Social Media hat sich die Rollenverteilung zwischen Informationsanbieter und Informationsrezipient grundlegend verändert (vgl. Zanger 2013, 3). Nutzer wurden durch Interaktionen und dialogorientierten Angeboten zum Mitmachen verleitet und die Grenze zwischen Informationsanbieter und -nachfrager verschwamm. Social Media ermöglicht den Nutzern über eine Vielzahl an digitalen Medien und Technologien, sich untereinander auszutauschen und mediale Inhalte individuelle oder im Kollektiv zu gestalten. Es findet eine aktive zur Kenntnisnahme von Kommentaren, Konsumerfahrungen und

Weiterempfehlungen statt. Social Media als Kommunikationsmittel verhilft den Nutzern eine soziale Beziehung untereinander aufzubauen und nutzt Text, Bild, Audio oder Video zur Botschaftsübermittlung (vgl. Zanger 2013, 3). Zudem kann der Nutzer auf Grund der plattformunabhängigen Nutzung, sich auf jeden mobilen Gerät Informationen beschaffen und teilen. Das klassische Sender-Empfänger-Kommunikationsmittel wurde dadurch grundlegend verändert. Der Rezipient bestimmt ob er Sender oder Empfänger wird und kann durch Bewertungen selbst gegenüber Unternehmen zum Kommunikationsbotschafter werden. Diesbezüglich müssen Unternehmen auf die vernetzte Kommunikation reagieren und ihre Kommunikationspolitik dementsprechend anpassen. In Bezug auf das Eventmarketing sind die Ziele in erster Linie als Kontakt- und Kommunikationsziele definiert. Die Qualität der Kommunikation wird hierbei durch das mit allen Sinnen Erlebte bestimmt und der Beziehung zwischen der am Event teilnehmenden Zielgruppe und dem eventveranstaltenden Unternehmen (vgl. Zanger 2013, 7). Seitens Social Media ist eine Reizaktivierung nur visuell und auditiv möglich, sodass kein persönlicher Kontakt hergestellt werden kann und der Dialog ausschließlich virtuell stattfindet. Hinzukommend spielt die stetige Weiterentwicklung der mobilen Endgeräte eine große Rolle. Durch Smartphones, Tablets oder Smartwatches sind die Menschen ununterbrochen miteinander vernetzt und können sich verschiedenster Informationen bedienen. Für das Eventmarketing besteht hier die Herausforderung, mit der veränderten schnelleren Informationsbeschaffung umgehen zu können. Es ist für Unternehmen erforderlich geworden, in Zeiten der Informationsüberflutung, die Zielgruppe möglichst persönlich anzusprechen. Die verschiedenen Kommunikationskanäle, die Social Media zur Verfügung stellt, müssen dabei bestmöglich genutzt werden. Social Media bietet somit ergänzende Möglichkeiten der Kommunikation.

Kombiniert man das Eventmarketing, das von Vor-Ort-Erlebnissen abhängig ist, mit der nur virtuelle stattfindenden Welt des Social Media, ergibt sich eine neue Qualität der dialogischen Kommunikation. Die aus der Kombination resultierenden komplementären Wirkungen und Synergiepotentiale eröffnen neue Chancen zur Optimierung des Erfolgs von Veranstaltungen (vgl. Zanger 2013, 7). Durch Social Media kann der Integrationsgrad der Teilnehmer in den Prozess des Eventmarketings erhöht werden, denn durch Social Media Plattformen können die Teilnehmer im Vorfeld der Veranstaltung bestimmte Eventinhalte beeinflussen. Zudem orientieren sich Events und Social Media beide an den Interaktionen mit den Konsumenten und unterstützen sich diesbezüglich gegenseitig (vgl. Zanger 2013, 8). Da die Reichweite für Events in der Regel begrenzt sind, bietet Social Media hier dem Eventmarketing eine nahezu unbegrenzte Reichweite. Werden somit die Eventbotschaften beziehungsweise -inhalte über diverse Plattformen des Social Media, durch Eventteilnehmer oder Veranstalter, verbreitet, kann dies zu einer erheblichen Vergrößerung der Reichweite beitragen (vgl. Zanger 2013, 8). Eine weitere Chance, die die Verbindung von Social Media und Eventmarketing mit sich bringt, ist die zeitliche Ausdehnung der Veranstaltung. So findet die Kommunikation zwischen direkten Eventteilnehmern, den virtuellen Teilnehmern und dem veranstaltenden Unternehmen vor, während und nach dem Event statt (vgl. Zanger 2013, 8). Die eben angesprochenen virtuellen Teilnehmer sind ein weiterer Vorteil. So kann die räumliche Begrenzung, auf das Vor-Ort-Event, überschritten werden. Mit Hilfe der Social-Media-Plattformen kann visuell von überall aus teilgenommen werden. Ein weiterer Vorteil ist die bessere Entwicklung und Festigung der Beziehung zum Kunden durch das Eventmarketing. Mit Hilfe der Integration von Social Media erfolgt die Kommunikation, vor, während und nach der Veranstaltung, bis hin zum nächsten Event. Dadurch können sowohl seitens der Unternehmen, als auch seitens der Eventteilnehmer Diskussionen angeregt werden und die daraus resultierenden Ergebnisse zur Optimierung des Folgeevents genutzt werden (vgl. Zanger 2013, 8). Über die genannten Aspekte hinaus, ist die Kombination Social Media und Eventmarketing unter anderen von wirtschaftlichem Interesse, da klassische Medien deutlich mehr Kosten verursachen als die Nutzung von Social Media (vgl. Zanger 2013, 9).

Es lässt sich somit abschließend sagen, dass in der heute vorherrschenden Zeit der Informationsüberflutung, die persönliche Beziehung zum Kunden von immer größer werdender Bedeutung wird. Dies gelingt heutzutage allerdings nur noch über den Dialog und nicht mehr über simple Einweg-Kommunikation. Somit ist eine Integration des Social-Media in das Eventmarketing unerlässlich. Die Social-Media-Technologien entwickeln sich weiter, werden so neue Formen von Events ermöglichen und die Beziehung zwischen Social Media und Eventmarketing wird intensiver (vgl. Zanger 2013, 15). Sind beide Kommunikationsformen optimal miteinander verknüpft, können so neue Synergiepotentiale erschlossen werden und die Effizienz der Events steigt (vgl. Zanger 2013, 16).

4.2 Veränderung der Unternehmenskommunikation

Durch den hohen Informationsüberschuss, der in Deutschland herrscht, wird erwartet, dass der Anteil der vom Konsumenten nicht genutzten Informationen den Anteil von 98% aus der Schätzung des Instituts für Konsum- und Verhaltensforschung der Universität des Saarlandes (vgl. Brünne/Esch/Ruge 1987), überstiegen hat. Zu erwähnen ist in diesem Zuge allerdings auch die steigende Mediennutzungsdauer der Gesellschaft (vgl. Kaase 2001, 468). Dem gegenüber steht jedoch eine verhältnismäßig große Medienauswahl und die Erweiterung der Informationsmenge durch das Internet Mitte der neunziger Jahre (vgl. Drengner 2003, 14). Zu belegen ist dies durch die Anzahl der registrierten Domains in Deutschland. So zeigt die Bilanz vom Jahre 1994 bis 2018 eine klar steigende Kurve. Lag die Anzahl der in Deutschland registrierten Domains im Jahre 1994 bei circa 1600, wurden im Jahre 1998 schon etwa 290.000 Anmeldungen registriert. Bis zum Jahre 2018 sind in etwa 16.000.000 Domain-Anmeldungen bei DENIC eingegangen (Abb.9):

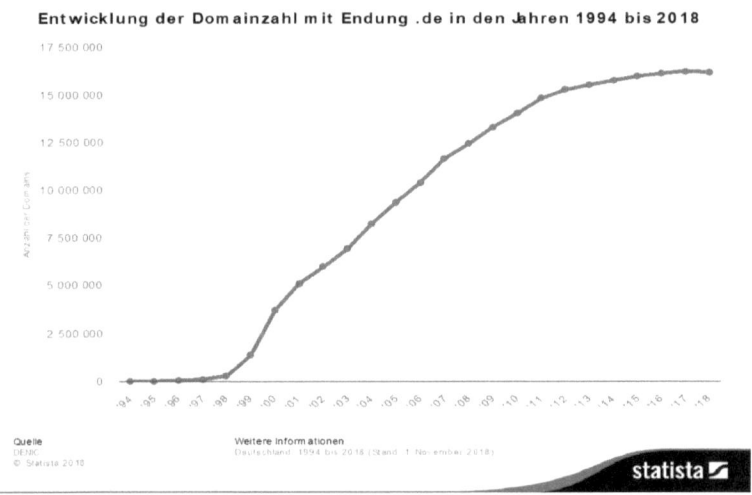

Abbildung 9: Entwicklung der Domainzahl mit Endung .de in den Jahren 1994 bis 2018 (vgl. Statista 2018)

Anteil am angesprochenen Informationsüberschuss hat unter anderem auch die Marktkommunikation der Unternehmen. Belegt wird dies durch die ebenfalls steigende Anzahl der Werbespots von ca. 400.000 aus dem Jahr 1991, auf etwa 2,5Mio. im Jahr 2001 (vgl. Esch/ Wicke/ Rempel 2005, 15f.).

Bezüglich dieser Fakten und der thematisierten Austauschbarkeit der Unternehmenskommunikation empfinden die Kunden den steigenden Kommunikationsdruck als störend und beurteilen beispielsweise die Werbeunterbrechungen als zu lang (vgl. Drengner 2003, 14). Die sinkende Akzeptanz gegenüber dem steigenden Werbedruck führt häufig zu einem Vermeiden der Werbeaktivitäten. Dies wirkt den Kommunikationszielen der Unternehmen allerdings entgegen, da durch das Vermeidungsverhalten die Erinnerung an die Kommunikationsmaßnahmen sinkt. Ergebnis ist ein somit eine „unzureichende Werbewirkung" (Drengner 2003, 15).

Weiterführend ist ein weiterer Grund für die Ursache der abnehmenden Wirksamkeit der klassischen Kommunikationsmaßnahmen, dass diese ein konstitutiver Bestandteil der Kundenexistenz geworden sind (vgl. Sistenich 1999, 9ff). Speziell Kinder und Jugendliche, die schon früh in Kontakt mit klassischen Kommunikationsmaßnahmen kommen, gewöhnen sich an deren Manipulationsversuche, lernen diese zu durchschauen und ihnen kritisch gegenüber zu stehen.

Festzuhalten ist somit, dass die Kommunikationspolitik im Marketing-Mix der Unternehmen immer mehr an Bedeutung gewinnt und dieser Wandel zu vielen weiteren Problemen, wie den steigenden Informationsüberschuss oder Ablehnung der Werbebotschaften, beigetragen hat (vgl. Drengner 2003, 16). Abgrenzend zu anderen Kommunikationsinstrumenten verschafft das Eventmarketing einem Unternehmen einen Vorteil. Orientiert an Bruhns Kategorisierung der Kommunikationsmaßnahmen (vgl. Bruhn 2005, 335), lässt sich das Eventmarketing einer Kategorie zuzuordnen, die durch die Ansprache vieler verschiedener Reize die Werbebotschaft intensiver vermitteln kann (vgl. Kroeber-Riel 1996, 50ff). Die direkte Beziehung zwischen Botschafter und Empfänger hat zum weiteren den Vorteil die Streuverluste zu mindern. Der Botschafter kann eigens entscheiden mit wem kommuniziert wird und kann so die Werbebotschaft gezielter setzen. Bei einer Messeteilnahme beispielsweise kann davon ausgegangen werden, dass sich vor Ort Teilnehmer befinden, die am Thema der Veranstaltung interessiert sind (vgl. Drengner 2003, 19). Durch persönliche Einladungen können zudem bestehende Kunden erreicht werden.

Obgleich man beim Eventmarketing zwischen einem Involvement gegenüber der Botschaft und einem Involvement gegenüber dem gebotenen Eventinhalt unterscheiden muss, gilt die Tatsache, dass es ein gewisses Maß an Involvement bezüglich der Botschaft voraussetzt, als Nachteil. Personen, die dem Kommunikationsobjekt nur wenig Beachtung schenken, sind nur schwer zu erreichen (vgl. Drengner 2003, 19). Im Vergleich zu anderen Instrumenten wie beispielsweise der Mediawerbung, hat das Eventmarketing, bedingt durch die Kompetenz direkte Kundenbeziehungen herzustellen, eine geringere Reichweite bei Ansprache der Zielgruppe (vgl. Drengner 2003, 19).

4.3 Eventmarketingtrends

Um innovative und erfolgreiche Events garantieren zu können, muss jedes eventveranstaltende Unternehmen neue Trends und Entwicklungen beachten und darauf reagieren können. Trends beschreiben in diesem Fall alle aufkommenden Veränderungsbewegungen beziehungsweise einen Wandlungsprozess der Gesellschaft. Um eine optimale Kundenbeziehung zu garantieren, müssen sich Unternehmen mit der Gesellschaft weiterentwickeln und Trends der Zielgruppe kennen und annehmen. Ein Unternehmen muss sicherstellen, dass es in Zeiten der Angebotsüberschüttung nicht nur gesehen wird, sondern auch im Gedächtnis der Konsumenten bleibt. Es soll eine nachhaltige Beziehung aufgebaut werden. Marketingtrends sind somit nicht nur eine Kopie der Gesellschaftstrends, sondern dienen als Orientierungshilfe für den Verbraucher (vgl. Dams/Luppold 2019, 2).

Durch Trends lassen sich die Bedürfnisse der Konsumenten ideal bestimmen und es gibt Unternehmen die Chance, deutlich näher am Kundenwunsch zu agieren und so die Effizienz der Events zu steigern. Im Folgenden wird auf ein paar aktuelle Trends eingegangen, da die Präsentation aller Trends den Rahmen dieser Arbeit sprengen würde und thematisiert in welche Richtung sich die Trends der Zukunft bewegen.

Wer erfolgreiche Events ausrichten möchte, muss mehr bieten als aneinandergereihte Workshops oder Vorträge. Stichpunkte sind heutzutage Individualisierung und Personalisierung. So bietet die Digitalisierung einige wertvolle Möglichkeiten. Mit Hilfe der neuen Technologien können Unternehmen auch auf großen Veranstaltungen individuelle, persönliche Erlebniserfahrungen bieten. Angefangen bei der Einladung findet schon hier ein Individualisierungsprozess statt. Eine Software kristallisiert die Interessen der Zielgruppen heraus, sodass die jeweiligen Gruppen nur mit für sie relevanten Informationen eingeladen werden können. Während der Veranstaltung können durch intelligentes Match-Making oder Echtzeit-Gesichtserkennung, Rückschlüsse auf das Verhalten und Interessen einzelner Besucher gezogen werden und Inhalte oder das Networking dementsprechend angepasst werden (vgl. Liebmann 2017). Die Verhaltensdaten werden vor und während des Events analysiert und so können die Teilnehmer einfacher nach Vorlieben und Interessen segmentiert werden. Mit Hilfe dieser Informationen gepaart mit künstlicher Intelligenz ist es einem Unternehmen so möglich, individualisierte Angebote anbieten zu können (vgl. Liebmann 2017).

Ein großer Trend der Eventbranche ist die Nutzung der Virtual Reality (VR) und Augmented Reality (AR). Mit Hilfe dieser Tools können Events zu einem noch besonderen Erlebnis gemacht werden und der Grad der Emotionalisierung steigt. Die Augmented Reality bietet durch computergenerierte Eindrücke wie Videos, Bilder oder Audio-Dateien, eine interessante Live-Ansicht der Umgebung (vgl. Zukunftsperspektiven Eventmarketing 2015). Die Umgebung soll dadurch für den Konsumenten erlebbar und interaktiv gestaltet werden. Für das Eventmarketing bedeutet dies eine höhere Aktivität innerhalb der Zielgruppe. Dies steigert den emotionalen Nutzwert der Veranstaltung und unterstützt die positiven Assoziationen mit dem eventveranstaltenden Unternehmen. Zusätzlich können so räumliche Einschränkungen umgangen werden. Der Unterschied zur VR ist, dass bei der Virtual Reality dem Teilnehmer das Gefühl vermittelt wird vor Ort zu sein. Bei der AR muss die Person allerdings vor Ort sein. Die Virtual Reality bedient sich dabei einer VR-Brille und erzeugt eine virtuelle Realität, die das reale Umfeld ersetzt. Für das Eventmarketing ergeben sich hier komplett neue Möglichkeiten, da mit Hilfe der VR der Kunde in die Welt des Unternehmens eintauchen kann (vgl. Horbelt). Dies garantiert dem Teilnehmer und dem Unternehmen ein größtmögliches Markenerlebnis. Im Rahmen der Live-Kommunikation des Eventmarketings ergibt sich hierbei jedoch eine Problematik. Es bleibt der direkte Kontakt zu anderen Teilnehmern aus, da man ausschließlich virtuell agiert. So kann man sagen, dass VR eine effiziente abwechslungsreiche Option bietet, sie allerdings nicht als einziges Tool verwendet werden sollte.

Daran anknüpfend wurde mit Hilfe der Möglichkeiten, die die visuellen Realitäten bieten, das Live-Streaming revolutioniert. Anfänglich wurden im Zuge des Live-Streamings Eindrücke vor Ort, durch Teilnehmer oder vom Unternehmen selbst, live und global übertragen. In Verbindung mit diversen Social-Media-Plattformen wurden neue direkte Kommunikationskanäle eröffnet und das eventaustragende Unternehmen konnte noch näher an der Zielgruppe arbeiten. Jedoch entwickelte sich das Live-Streaming durch flächendeckendes LTE-Internet und des Einsatzes von VR-Brillen zum sogenannten Live-Streaming 2.0 weiter (vgl. Opitz/Hasil 2019). Eine hochauflösende 360-Grad Kamera streamt Bilder und Videos von unterschiedlichen Standpunkten aus. Durch den Kauf des

Internetzugangs können somit Eindrücke der Veranstaltung mit Hilfe einer VR-Brille wahrgenommen werden, ohne vor Ort sein zu müssen. Das gibt dem eventveranstaltenden Unternehmen die Möglichkeit ein weltweites Publikum zu gewinnen. Um aber das eigentliche Merkmal des Eventmarketing, das Vor-Ort-Erlebnis, nicht zu verfehlen, liegt die Zukunft des Eventmarketings in sogenannten hybriden Veranstaltungen. Hybride Events sind eine Kombination der realen und der virtuellen Welt. So wird ein optimales Gleichgewicht zwischen dem Vor-Ort-Erlebnis und der technologischen Teilnahme von außerhalb geschaffen. Dem Eventmarketing ist es dadurch möglich Terminkonflikten oder Distanzproblemen aus dem Weg zu gehen. Die Veranstaltung wird somit, auch für Personen die nicht vor Ort teilnehmen können, erlebbar. In Kombination mit einer eigens für das Event entwickelte App, bekommt das eventausführende Unternehmen live direktes Feedback und kann jederzeit mit der Zielgruppe kommunizieren. Da das hybride Event mehr und mehr ins Zentrum der Kampagnenplanung rückt, sehen Luppold und Dams in Events nicht nur die Funktion eines Mediums, sondern auch die Funktion der Botschaft und des Content-Gebers (vgl. Dams/Luppold 2019, 8). „Dadurch wird das Event zur Information, die innerhalb aller anderen Kommunikationskanäle aufgegriffen wird." (Dams/Luppold 2019, 8).

In Zukunft wird weiter versucht werden die Vorgänge der Eventplanung, -inszenierung und -durchführung möglichst schnell und kostengünstig zu gestalten. Behilflich kann dabei beispielsweise der Einlass per Gesichtserkennung oder sogenannte Clever-Floors sein (vgl. Event Inc. 2018). Der Einlass per Gesichtserkennung verschafft dem Teilnehmer von Anfang an ein aufregendes, positives Eventerlebnis. Mit Hilfe biometrischer Algorithmen wird das Gesicht beim Einlass in Echtzeit gescannt und ermöglicht so einen schnellen, einfachen Einlass ohne die Wartezeit durch Ausweiskontrollen. Zusätzlich können weitere Informationen über die Teilnehmer gesammelt werden und das Event optimiert werden. Clever Floors tragen zu einer weiteren Verbesserung der Veranstaltung bei. So können die Wege der Teilnehmer gemessen werden und anhand der Verweildauer an bestimmten Orten, Interessen analysiert werden (vgl. Event Inc. 2018). Als Eventmarketing besteht dadurch die Möglichkeit zu ermitteln, welchen Wert einzelne Werbeflächen, Verkaufsstände beziehungsweise

Standorte haben. Dementsprechend können Daten erhoben werden und das Event flächenbezogen optimiert werden (vgl. Event Inc. 2018).

Abschließend lässt sich sagen, dass die Eventbranche von innovativer Technologie profitiert hat und weiterhin davon profitieren wird. Als Herausforderung gilt es, das perfekte Gleichgewicht zwischen virtueller und realer Welt zu schaffen und das Live-Erlebnis mit webbasierter Kommunikation zu verbinden (vgl. Dams/Luppold 2019, 2). Die Priorität liegt allerdings weiterhin bei der Live-Kommunikation, da nur so ausreichend Vertrauen zur Marke bzw. zum Unternehmen aufgebaut werden kann. Für das eventveranstaltende Unternehmen gilt es Bedürfnisse wie Authentizität, Relevanz, Emotion oder Mehrwert zu befriedigen und den Teilnehmer zur Mund-zu-Mund-Propaganda anzuregen. Mit Hilfe von virtuell auf real perfekt abgestimmter Live-Kommunikation lassen sich diese Bedürfnisse bestmöglich befriedigen (vgl. Dams/Luppold 2019, 6).

4.4 Megatrends

Wie schon thematisiert, unterliegt die gesamte Kommunikationsbranche einem ständigen Wandlungsprozess von verschiedenen Trends. Dies betrifft im Rahmen der Kommunikationspolitik auch das Eventmarketing. Um sich von der Konkurrenz absetzten zu können müssen aktuelle Trends angenommen, optimiert und eingesetzt werden. Nur so kann ein Unternehmen den Kundenwünschen gerecht werden und Ihnen stätig etwas Neues präsentieren. Die meisten Trends besitzen nur eine sehr kurze Halbwertszeit und kommen und gehen innerhalb einiger Monate oder auch nur Wochen. Prinzipiell kann man hinsichtlich ihrer Wirkkraft und zeitlichen Ausprägungen zwischen folgenden Trends unterscheiden (vgl. Zukunftsinstitut):

- **Soziokulturelle Trends**: Dabei handelt es sich um Wandlungsprozesse mit mittelfristiger Lebensdauer von ca. 10 Jahren. Diese werden von den Lebensgefühlen der Gesellschaft im sozialen und technischen Wandel beeinflusst und zeigen sich beispielsweise durch Trends wie den Wellnesstrend.

- **Konsum- und Zeitgeisttrends**: Hierbei handelt es sich um mittel- bis kurzfristige Veränderungsprozesse. Sie haben eine

Halbwertszeit von etwa 5-8 Jahren und machen sich vor allem im Konsumverhalten und Einstellung zu Produkten bemerkbar. Sie stehen meist unter medialem Einfluss und weisen einen modischen Charakter auf. Es wird hierbei auch von „Infektionstrends" gesprochen, die unter anderem soziokulturelle Prozesse oder Prozesse des Wertewandels reflektieren können.

- **Produkt- und Modetrends**: Diesbezüglich handelt es sich um kurzfristige, oberflächliche Trends. Sie treten meist saisonal auf, sind durch diverse Marketingstrategien beeinflusst und dauern circa ein halbes Jahr.
- **Technologietrends**: Dies sind Trends, die auf Entwicklungen der Digitalisierung aufbauen. Sie sind von mittelfristiger Dauer und werden von Veränderungsprozessen verschiedener Branchen beeinflusst. Die selbstfahrenden Autos oder der Einsatz von Drohnen ist hierfür ein Beispiel.

Betrachtet man allerdings langfristige Trends, wird klar das hier eine andere Herausforderung besteht. Die Rede ist von sogenannten Megatrends. Unter Megatrends versteht man langfristige Entwicklungen, die sowohl das wirtschaftliche als auch das gesellschaftliche Leben prägen (vgl. Zukunftsinstitut). Megatrends halten meist über Jahre oder Jahrzehnte und beeinflussen global das Zusammenleben aller Menschen. Sie dienen als Grundlage der Entwicklung verschiedener Wirtschaftsbereiche und als Orientierungspunkt weitreichender Strategien (vgl. Zukunftsinstitut). Ein Beispiel für ein Megatrend ist die thematisierte Digitalisierung als globales Phänomen.

Bei Megatrends handelt es sich um ein multidimensionales Erlebnis, das aus mehreren einzelnen Trends entstanden ist. Dies macht einen Megatrend sehr komplex und facettenreich. Die Vielschichtigkeit der Megatrends bringt auch einige Komplikationen mit sich, was dem Verständnis der Megatrends entgegenwirkt. Das Zukunftsinstitut aus Frankfurt hat für eine klare Erkennung des Systems der Megatrends einige Kriterien entwickelt (vgl. Zukunftsinstitut):

- **Dauer**: Megatrends dauern meist über mehrere Jahrzehnte an

- **Ubiquität:** Megatrends beeinflussen alle gesellschaftlichen Bereiche wie zum Beispiel die Ökonomie, den Konsum, den Wertewandel, das gesellschaftliche Zusammenleben oder die Politik
- **Globalität:** Obgleich Megatrends, global gesehen, unterschiedlich stark ausgeprägt sind, zeigt sich die Wirkung weltweit
- **Komplexität:** Aufgrund der Vielschichtigkeit und dem mehrdimensionalen Auftreten, erzeugen Megatrends auch durch die Wechselwirkungen ihre Dynamik und den evolutionären Einfluss

Es lässt sich somit sagen, dass Megatrends langanhaltende, globale Entwicklungen sind, die unter anderem in politischen, gesellschaftlichen oder ökologischen Bereichen ihre Auswirkungen haben und sich dabei über mehrere Jahrzehnte erstrecken.

Im Rahmen der Kommunikationspolitik eines Unternehmens gilt es zu erkennen in welche Richtung sich die Persönlichkeitsstruktur einer Gesellschaft ändert. Um den Ansprüchen der Zielgruppe gerecht werden zu können, muss die Kommunikation dem ständigen Wandel der Gesellschaft unterliegen und sich diesem anpassen. Somit sind Megatrends für das Eventmarketing unverzichtbar und gelten als wichtiger Orientierungsansatz, um perfekte Events garantieren zu können. Im Folgenden werden drei für die Event-Branche relevanten Megatrends vorgestellt.

Einer der wichtigsten und offensichtlichen Megatrends stellt die **Individualisierung** dar (vgl. Zukunftsinstitut). Diese gilt in der westlichen Welt als Kulturprinzip, die Wirkung ist allerdings zunehmend global bemerkbar (vgl. Zukunftsinstitut). In vielen Wohlstandsnationen ist der komplexe Megatrend zur Basis der Gesellschaftsstrukturen geworden und hat für das Eventmarketing einen großen Stellenwert. Der Trend wird deutlich durch beispielsweise zielgruppenspezifische Online-Anzeigen, Microtargeting oder die persönliche Ansprache auf sozialen Netzwerken. Als großer Treiber der Individualisierung gilt die Digitalisierung. Durch neue, technische Weiterentwicklungen hat die Digitalisierung eine neue Art der technischen sowie sozialen Vernetzung geschaffen und somit auch eine völlig neue Kommunikationsbeziehung zwischen Unternehmen und Verbraucher. Es ist Unternehmen möglich schon während des Planungsprozesses mit möglichen Teilnehmern zu kommunizieren, Interessen zu analysieren und die Veranstaltung dementsprechend anzupassen. Besonders in der schon häufig thematisierten heutigen Informationsüberflutung ist es wichtig sich als Unternehmen von der Konkurrenz abzuheben und etwas Neues zu kreieren. Eine wichtige Rolle bei der Individualisierung spielt die Algorithmisierung (vgl. Nagels 2017). Es werden über digitale aber auch teilweise analoge Aktivtäten, Daten über einzelne Personen gesammelt und so Muster und Zusammenhänge erkannt. Daraufhin wird dann eine bestimmte Vorgehensweise aufgezeigt, um so das Leben zu vereinfachen und zu beschleunigen. Beispielsweise kann so einem Konsumenten gezeigt werden welchen Song er jetzt am liebsten hören möchte oder welche drei Restaurants ihn derzeit interessieren könnten. So kann beispielsweise für eine bevorstehende Veranstaltung individuell geworben werden oder durch Analyse der Verhaltensdaten vor, während und nach der Veranstaltung, Teilnehmer nach Vorlieben und Interessen segmentiert werden. Nach Auswertung dieser Daten ist es einem Unternehmen möglich, Konsumenten individuell anzusprechen und individuell angepasste Angebote zu präsentieren.

Voraussetzung für eine schnelle und einfache Datenverarbeitung und -übertragung ist der Megatrend der **digitalen Vernetzung** beziehungsweise **Konnektivität** (vgl. Zukunftsinstitut). Hierbei geht es um die digitale Vernetzung der Gesellschaft. Es lassen sich Nachrichten in Bruchteilen einer Sekunde austauschen, mit Hilfe von Video-Chats können große Distanzen überbrückt werden und prinzipiell ist eine schnelle, einfache Übertragung großer Datenmengen möglich. Für das Eventmarketing ermöglichen sich dadurch eine Reihe neuer Möglichkeiten. Die Verfügbarkeit der großen Datenmengen ermöglichen Unternehmen eine Optimierung ihrer Kommunikationsstrategien, die mit Hilfe der Informationen möglichst genau auf die Bedürfnisse der Konsumenten abzielen können. Die globale digitale Vernetzung verhilft dem Eventmarketing zudem noch bei der Aufnahme von Echtzeitdaten. Diese verhelfen dem Kommunikationsinstrument zu kostenreduzierender Flexibilität. Es können, abhängig von aktuellen Ereignissen, Abläufe des Events kurzfristig geändert werden und diese dann hinsichtlich der Erfolgsrate verfolgt werden. Zudem kann beispielsweise der Return-on-Investment in Echtzeit verfolgt und gemessen werden.

In Zeiten der ständigen Informationsübertragung wird die Gesellschaft immer aufgeklärter. So haben sich angesichts des Klimawandels immer mehr Menschen informiert und die Prioritäten der Gesellschaft, sowie der Wirtschaft, haben sich verändert. Der Megatrend **Neo-Ökologie** ist fester Bestandteil der Gesellschaft. Bestätigt wird dies durch das steigende Interesse an Bio-Produkten, die EU-Plastikverordnung oder die Energiewende (vgl. Zukunftsinstitut). Dies spiegelt sich auch in veränderten gesellschaftlichen Werten wieder, in persönlichen Kaufentscheidungen oder optimierten Unternehmensstrategien. Für den Bereich des Eventmarketing eröffnen sich neue Möglichkeiten aber auch Herausforderungen. Beispielsweise steigt die Anfrage an regionalen Produkten oder prinzipiell Bio-Produkten. Dies muss zum Beispiel in Bezug auf das Angebot von Essen und Trinken während der Veranstaltung beachtet werden, aber auch bei der nachhaltigen Energieversorgung für das Event.

Somit können allerdings auch erste Verhaltensmuster erkannt werden und weitere Daten über einzelne Teilnehmer gesammelt werden. Zudem spielt der Megatrend der Neo-Ökologie eine wichtige Rolle bei imageorientierten Veranstaltungen.

Megatrends spielen somit eine wichtige Rolle im Rahmen des Eventmarketing. Sie dienen als Orientierungspunkt, um zu bestimmen in welche Richtung sich die Wertestrukturen der Gesellschaft bewegen und bestimmen somit die Unternehmensstrategie. Dies bietet den Veranstaltern einzigartige Chancen mit den Teilnehmern in Kontakt zu treten und ihnen ein einmaliges Erlebnis zu bieten.

4.5 Zukunftsaussichten des Eventmarketing

Ob die gesellschaftliche Entwicklung von der Dienstleistungsgesellschaft hin zur Erlebnisgesellschaft, die sinkende Effizienz klassischer Kommunikationsinstrumente oder die neuen Möglichkeiten die im Zuge der Digitalisierung geebnet wurden. Die thematisierten Entwicklungen der Gesellschaft und des Marktes haben maßgeblich zur Entstehung und Beliebtheitssteigerung des Eventmarketing beigetragen. Da diese noch lange nicht abgeschlossen sind, kann davon ausgegangen werden, dass der

Stellenwert des Eventmarketing im Rahmen der Unternehmenskommunikation weiterhin zunehmen wird (vgl. Nufer 2012, 221).

Aufgrund intensiver werdenden Effektivitäts- und Ergebnisorientierung sind Eventmanager in Zukunft immer mehr von Marketingcontrollern abhängig. Sie prüfen die Veranstaltung hinsichtlich ihrer Wirtschaftlichkeit und Effektivität. Diese Kriterien sind bestmöglich zu erfüllen und für ein Unternehmen unverzichtbar. Das heißt Eventmanager sind nicht nur für die Wertsteigerung der Marke verantwortlich, sondern auch für den Umsatz, der während der Veranstaltung erwirtschaftet werden soll. Die Inszenierung von Ereignissen und die Kontrolle der Ergebnisse laufen gemeinsam ab und schließen sich nicht aus (vgl. Wirtz 2008, 122ff). Das Messbare einer Veranstaltung wird somit zunehmend wichtiger, da die Qualität von Events immer weniger am Aufmerksamkeitswert gemessen wird (vgl. Sträßer 2001, 96). Event werden so geplant, dass sie an einem positiven Ergebnis gemessen und beurteilt werden können. Es muss diesbezüglich erreicht werden, die Eventmarketingziele bestmöglich umzusetzen, mit bestimmten Daten zusammenzuführen und sie dadurch mess- und vergleichbar zu machen (vgl. Wirtz 2008, 125).

Das Eventmarketing wird sich in Zukunft maßgeblich mit wachsender Technologie beziehungsweise der digitalen Kommunikation auseinandersetzen. Im Zuge der Digitalisierung haben sich für das Eventmarketing neue Möglichkeiten und Herausforderungen ergeben. Deutlich wird dies durch die zunehmend fließende Verbindung zwischen realer und digitaler Welt. Die schnelle Informationsübertragung und globale Konnektivität bilden den Grundstein für eine effiziente Kommunikation mit der Zielgruppe.

Dies wird in Zukunft dafür sorgen, dass immer mehr mit potentiellen Teilnehmern schon vor Beginn der Veranstaltung kommuniziert wird und diese bei Entscheidungsprozessen beteiligt sind. Das führt dazu, dass die Barriere zwischen veranstaltendem Unternehmen und Veranstaltungsteilnehmer, zunehmend schwindet.

Da das Eventmarketing allerdings vorwiegend durch die Vor-Ort-Erlebnisse profitiert, muss es das Ziel sein, ein perfektes Gleichgewicht zwischen realer und digitaler Welt zu erschaffen. Abhilfe können in Zukunft sogenannte Hybride Events schaffen. Hybride Events nutzen die Basis eines normalen Events als Plattform für reale, dialog- und erlebnisorientierte Kommunikation zwischen Teilnehmer und Unternehmen (vgl. Dams/Luppold 2016, 1) und kombiniert dies mit neuzeitlichen Kommunikationskanälen. Für das Eventmarketing gilt es, trotz zunehmenden technologischen Fortschrittes, das Gleichgewicht zwischen realer und digitaler Welt aufrecht zu erhalten und den Teilnehmern ein technologisch unterstütztes Vor-Ort-Erlebnis zu verschaffen.

Hinsichtlich der thematisierten Megatrends wird sich hier in den nächsten Jahren ebenfalls einiges ändern und so das Eventmarketing prägen. Der heute noch eher egoistisch geprägte Trend der Individualisierung wird sich wandeln und in einer neuen Wir-Kultur ausdrücken (vgl. Zukunftsinstitut). Es wird vermehrt auf Communities oder digitale Tribes gebaut und so rücken Gemeinschaften, Kollaborationen und Kooperationen in den Fokus (vgl. Zukunftsinstitut). Dies wird heutzutage schon durch Karnevalszüge, Oktoberfeste oder Veranstaltungen wie den Burning Men deutlich (vgl. Horbelt 2018).

Angesichts der Effizienzorientierung liegt es daher nahe verschiedene Zielgruppen zu kombinieren, um so möglichst viele Personen ansprechen zu können, vorausgesetzt es ergibt für das Unternehmen Sinn (vgl. Horbelt 2018). Es lässt sich sagen, dass die zunehmende Individualisierung der Gesellschaft zur Folge hatte, dass die Menschen sich nach etwas Gemeinsamen Großen sehnen. Events sind dafür ideal geeignet, da sie Orte und Momente der Identifikation anbieten, indem sie die Teilnehmer für Momente als Gemeinschaft in sich aufgehen lassen.

Weitere Potenziale ergeben sich in Zukunft in Sachen Konnektivität. Die Gesellschaft ist ununterbrochen miteinander vernetzt und Aktivitäten werden durchgehend geteilt. Unter diesen Umständen gilt es neben den technologischen Herausforderungen auch die sozialen Herausforderungen bewältigen zu können (vgl. Zukunftsinstitut). Im Laufe der nächsten Jahre gilt es zu ermitteln, inwiefern wie und wo die neuen Technologien am effizientesten eingesetzt werden können. Ist dies erstmal ermittelt, ergeben sich riesige Potenziale zur Steigerung der Effektivität bzw. des Erfolges. Eine nicht unwichtige Rolle wird hierbei der Einsatz diverser

Social-Media-Plattformen darstellen. Zu beobachten sind immer mehr Unternehmen, die Events nur ausrichten um mehr Content zu generieren (vgl. Horbelt 2018). Im Zuge dessen verlagert sich der Fokus der eigentlichen Vor-Ort-Zielgruppe auf die Zielgruppe online. Dabei dienen die wirklichen Teilnehmer lediglich als Statisten, um so einen Film erstellen zu können der online für die notwendige Aufmerksamkeit sorgt (vgl. Horbelt 2018). Social Media gilt diesbezüglich als idealer Kommunikationskanal. Gefahr besteht allerdings darin, dass der Face-to-Face Dialog, der durch das Eventmarketing gefördert wird, mehr und mehr seitens Social-Media-Plattformen übernommen wird und dem Eventmarketing so Konkurrenz macht. Um zu verhindern, dass Social-Media dem Eventmarketing den Rang ablaufen, ist es von großer Bedeutung diese beiden miteinander zu kombinieren, da früher oder später das Eventmarketing ohne den Einsatz von Social Media nicht mehr bestehen kann.

Des Weiteren wird sich das Eventmarketing mit der nächsten Ebene der künstlichen Intelligenz (KI) auseinander setzten müssen. Sie haben die Möglichkeit gigantische Datenmengen zu verarbeiten und darin mögliche Muster erkennen. In Zukunft wird die KI noch überzeugender und komplexer werden. Die künstliche Intelligenz bildet die Verbindung zum Internet der Dinge beziehungsweise der analogen Realität mit internetkompatiblen Geräten. Die integrierte Automatisierung wird sich weiterentwickeln und kann speziell in Bezug auf die Personalisierung Vorteile bringen (vgl. Liebmann 2018). Beispielsweise können mit Hilfe von Sprachassistenten, wie Amazons Alexa, Vorlieben erlernt werden und so individuell gestaltete Vorschläge angezeigt werden. Das Eventmarketing kann so individuelle Daten erheben und das Verhalten potentieller Teilnehmer erfassen und wichtiger noch, verstehen (vgl. Liebmann 2018). Zukünftig ergeben sich für das Eventmarketing zahlreiche Anwendungsmöglichkeiten. Intelligente Einladungen können so potentiellen Teilnehmern, für sie relevante Inhalte bieten und die Aspekte, die für sie interessant sind, individuell hervorheben (vgl. Liebmann 2018). So können durch verhaltensbasierte Einladungsketten die Reaktionen der Empfänger erfasst werden. Aus den Ergebnissen lässt sich dann berechnen, welche Parameter entscheidend sind, um eine Zusage für die Veranstaltung zu bekommen. Weiterführend könnend durch selbstlernende Smart-Events zentral alle Daten erfasst und ausgewertet werden. Daraufhin werden selbstständig Segmente gebildet, auf Basis dessen in Echtzeit bestimmte Prozesse optimiert werden können. Das eventveranstaltende Unternehmen kennt im Nachhinein somit ihre Zielgruppe noch genauer, kann dementsprechend gezielter auf sie eingehen und die individuellen Bedürfnisse befriedigen. Es lässt sich also sagen, dass die KI richtig eingesetzt, einem Unternehmen durch fortschreitende Prozessautomatisierung und intelligente Datenanalyse einen signifikanten Wettbewerbsvorteil verschaffen kann.

Ferner wird sich, in Folge des demografischen Wandels, für das Eventmarketing ein weiteres Potenzial erschließen. Die sogenannte Silver Society umfasst die älteren Menschen der zweiten Lebenshälfte. Sie weisen ein hohes Informationsinteresse auf und stammen aus der noch technikarmen Generation, die den persönlichen Kontakt bevorzugt. Auch wenn der Fokus derzeit ganz klar auf neuen technologischen Fortschritten liegt, wird sich ein Wirtschaftswandel hin zur Silver Society zeigen (vgl. Liebmann 2018). Schon jetzt zeigt sich dies durch die immer älter werdende Gesellschaft. Dadurch wird eine komplett neue Lebensphase in die Wege geleitet (vgl. Zukunftsinstitut). Menschen der zweiten Lebenshälfte haben in Bezug auf Entwicklung, Leistung oder Innovation, eine andere Sicht als jüngere. So bleibt der jugendliche Leichtsinn aus, Vorgänge in Unternehmen, was wichtig und richtig ist, werden anders eingeschätzt und die Mentalität der Gesellschaft ändert sich. Sie wird dynamischer und vitaler (vgl. Zukunftsinstitut). Diese Aspekte und der Grad an Erfahrung sowie die Entspanntheit der Betroffenen ermöglichen dem Eventmarketing neue Möglichkeiten und Chancen. Ziel muss es sein dieses Milieu als Zielgruppe für sich zu gewinnen.

Abschließend lässt sich also sagen, dass das Eventmarketing in Zukunft zahlreiche Möglichkeiten hat sich weiterzuentwickeln und weiterhin fester Bestandteil des Kommunikationsmix bleibt. Aufgabe ist es nur, die gegebenen Chancen zu nutzen und zur richtigen Zeit korrekt einzusetzen.

5 Praxisbeispiel Hybrides Event

Im vorherigen wurde oftmals thematisiert, dass das Eventmarketing in Zukunft mit vielen technischen Entwicklungen rechnen muss. Dies gilt für die Wirtschaft als auch für die Gesellschaft, die sich im Kauf- und Konsumverhalten auf lange Sicht verändern wird. Für das Eventmarketing gilt es somit sich von den technologischen Innovationen nicht überholen zu lassen, sie in ihre Prozesse zu integrieren und zu eigenen Gunsten zu nutzen. Es muss die Aufgabe sein, ein perfektes Gleichgewicht zwischen realem Vor-Ort-Erlebnis und digitalem Eventerlebnis zu schaffen. Die Zukunft des Eventmarketing liegt somit grundsätzlich in hybriden Events. Diese schaffen es, die Vorteile der hohen Reichweite von Social Media mit der Intensität von Live-Erlebnissen zu einem Kommunikations-Toll zu verbinden. Die einzigartigen Eindrücke der erweiterten Gemeinschaft können so in der digitalen Welt um ein Vielfaches multipliziert werden (vgl. Köhler).

Im Folgenden wird anhand eines Praxisbeispiels dargestellt, wie hybride Events umgesetzt werden können. Im Anschluss werden die Erfolgsfaktoren genannt und eine Handlungsempfehlung formuliert.

5.1 Ball Packaging Europe

Ball Packaging Europe gehört zu den führenden Getränkedosenherstellern in Europa. Es war die Aufgabe in Zeiten, in der es zunehmend schwieriger wird sich im konkurrierenden Markt von anderen zu differenzieren, der Marke bzw. dem Unternehmen einen mit allen Sinnen zu erlebenden Mehrwert zu schaffen. Um einer Getränkedose allerdings den nötigen Mehrwert zu verleihen, bedarf es einer Kommunikationsstrategie, welche die Zielgruppe auf vielen verschiedenen Ebenen anspricht. So wurde für das Ball Packaging Europe eine 360°-Kampagne gestartet. Diese sollte die überlegene Recyclingfähigkeit von Aluminiumdosen aufzeigen (vgl. Köhler), da viele Konsumenten den umweltschonenden Argumenten eher skeptisch gegenübertreten (vgl. Dams/Luppold 2016). Das Ziel dieser Kampagne war es also, die positiven Umweltargumente nachhaltig zu verbreiten und das Bewusstsein für die ökologische Wichtigkeit von Recycling zu schärfen (vgl. Köhler).

Die Zielgruppe des Events waren zwischen 12 und 22 Jahren alte Jungerwachsene, die aufgrund der hohen Online-Aktivität die perfekten Erlebnisvermittler darstellen. Zudem lassen sich junge Menschen für neues besser begeistern und die Chancen sind höher, sie für eine umweltbewusste Lebensweise zu begeistern. Der Fokus wurde auf die Online-Medien gesetzt über die das Live-Event, mit aktiver Teilnahme, verbreitet werden soll. Vor Ort wurden die Teilnehmer kreativ gefordert und standen dabei in ständigem Kontakt mit dem Produkt, d.h. mit der Getränkedose. Im Zuge der recyclingorientierten Veranstaltung wurden die Teilnehmer dazu motiviert sich selbst zu Recycling-Visionären zu machen und haben durch die Einführung der Bezeichnung „Dosionaire" einen direkten emotionalen Bezugspunkt geschaffen (vgl. Köhler). Im Vorfeld der Veranstaltung wurde den potentiellen Teilnehmer auf der eventeigenen Website, www.dosionair.de, interessanter Content zum Thema Getränkedosen geboten und Opinionleader konnten Gedanken und Visionen mit der Zielgruppe teilen (vgl. Dams/Luppold 2016). Des Weiteren wurden sie dazu aufgefordert ihre Erlebnisse und Eindrücke über diverse Social-Media-Plattformen mit anderen zu teilen. Somit stieg die Reichweite und die Gruppe der „Dosionaire".

Abseits der Online-Welt wurde die Zielgruppe über beliebte Freizeitaktivitäten angesprochen und die Vision der recyclingstarken Getränkedosen vermittelt. Im Zuge der deutschlandweit ausgetragenen Smart-Beachtour war Ball-Packaging-Europe ein Teil davon und nutzte die Plattform, die das Volleyball-Turnier geboten hat, um so seine Botschaften aktiv und emotional zu vermitteln. Die Marktforschung zeigte, dass speziell Konsumenten im jungen Alter, Getränkedosen durchaus gerne am Kiosk kaufen (vgl. Dams/Luppold 2016). Aus dieser Erkenntnis wurden sogenannten „Frehs-Up" Kiosks errichtet. Ziel dieser war es, einen realen Kontaktpunkt zu erschaffen, um die Idee des Dialogs, als Live-Erlebnis umzusetzen. Die Dose konnte live am „Fresh-Up-Store" erlebt werden und die Botschaft des Recycling-Visionärs konnte auch offline vor Ort vermitteln werden. Die Online-Aktivitäten wurden dabei nicht vernachlässigt und so wurden im Rahmen der „Pay-with-a-Tweet"-Aktion die Teilnehmer dazu aufgefordert über das Erlebte online zu berichten und bekamen im Gegenzug eine Getränkedose.

Abbildung 10: Fresh-Up Kiosk (vgl. flickr 2012)

Da allerdings die Fresh-Up Kiosks eine lokale Einschränkung hatten, wurden diesbezüglich fünf verschiedene Rikschas eingesetzt, welche die lokale Reichweite erhöhen sollten. Sie dienten als mobile Probierstationen, die in Verbindung mit digitalen Tools zur Auseinandersetzung mit den Getränkedosen anregte. Dabei wurden drei der fünf Rikschas von großen Getränkeherstellern wie Coke-Zero, Warsteiner und Mixery unterstützt und markentypisch bespielt (vgl. Dams/Luppold 2016). So konnte beispielsweise in der Coke-Rikscha auf einem iPad digital gegen Manuel Neuer im Elfmeterschießen angetreten werden. Warsteiner bot eine Rockstar-Fotoaktion an, bei der man Tickets für ein Festival gewinnen konnte, vorausgesetzt man hatte die meisten Likes auf diesem Foto. In der Mixery-Rikscha konnte man einem spontanen Kopfhörer-Konzert beiwohnen und elektronische Musik hören. Die weiteren zwei Rikschas sollten zusätzlich das Thema Recycling, unterstützend durch Augmented Reality, erklären und für einen realen Dialog mit digitalen Interaktionen sorgen.

Alle Rikschas verfolgten dabei ein gemeinsames Ziel. Sie sollten User Generated Content generieren und den Dialog über die Getränkedose weiterentwickeln (vgl. Dams/Luppold 2016).

Praxisbeispiel Hybrides Event

Abbildung 11: eingesetzte Rikschas im Rahmen der Ball-Packaging-Kampagne (vgl. flickr 2012)

Betrachtet man die Erfolgsdaten des Events wird schnell klar, dass die Erwartungen zweifelsohne erfüllt worden sind. So wurden im Zeitraum von 14 Monaten über zehn Millionen Facebook Aktivitäten verzeichnet, 200.000 aktive Produkterfahrungen gesammelt und über 300.000 Dosen verteilt und recycelt (vgl. Vok Dams/ Köhler).

Abschließend lässt sich sagen, dass durch den Einsatz der Kiosks, der Website Dosionair.de und der Rikschas das reale Erlebnis ideal mit dem digitalen Erlebnis verknüpft wurden. Die Zielgruppe wurde innerhalb ihres Lebensstiles mit ihrer Kommunikation angesprochen. So konnte einer großen Gruppe ein hoher Unterhaltungswert geboten werden und sie wurde emotional an das Thema Recycling im Rahmen der Getränkedosen gebunden.

5.2 Erfolgsfaktoren & Handlungsempfehlungen

Mit Hilfe der vorliegenden Arbeit lassen sich durch die erarbeiteten Erkenntnisse und Zusammenhänge folgende Erfolgsfaktoren und Handlungsempfehlungen formulieren. Unternehmen soll dadurch aufgezeigt werden, wie das Kommunikationsinstrument Eventmarketing, auch in Zukunft, weiterhin erfolgreich eingesetzt werden kann.

Um ein Event nachhaltig erfolgreich zu gestalten, müssen die Teilnehmer emotional berührt und mit positiven Assoziationen mit dem Unternehmen in Verbindung gebracht werden. Diesbezüglich spiegelt die Emotionalisierung den wichtigsten Erfolgsfaktor dar. Es ist von großer Bedeutung, dass die Rezipienten möglichst mit allen Sinnen angesprochen werden, um so ein nachhaltig positives Bild im Gedächtnis der Betroffenen zu erzeugen. Dies geschieht am besten, indem man den Teilnehmer interaktiv in die Veranstaltung integriert und das Event erlebbar macht. Dies schafft Begeisterung und die positive Botschaft, in Verbindung mit dem Unternehmen, kann vermittelt und langfristig im Gedächtnis verankert werden. Ziel ist es, den anfänglich neutralen Firmennamen emotional so zu bestimmen, dass dieser das Konsum-und Kaufverhalten der Konsumenten positiv anregt.

Um eine emotionale Konditionierung garantieren zu können, muss ein Event immer mit einer Botschaft versehen werden. Es spielt dabei keine Rolle wie ausgefallen das Event inszeniert wurde. Ohne eine zu vermittelnde Botschaft schwindet der aufmerksamkeitsgenerierende Effekt unmittelbar nach der Veranstaltung und das Event hat keinen langfristigen Nutzen für das Unternehmen erzeugt. Diesbezüglich ist es unerlässlich die Botschaft vorab zu ermitteln und aufgrund dessen ein geeignetes Konzept zu konzipieren.

Des Weiteren ist eine langfristige strategische Planung ein entscheidender Erfolgsfaktor des Eventmarketing. Da ein Event dazu beitragen soll bestimmte Unternehmensziele zu erreichen, bestimmt die übergreifende, strategische Marketingplanung die Ausrichtung des Events. So muss garantiert sein, dass die Planung und Organisation des Events mit den Dimensionen der Unternehmensführung abgestimmt sind.

Ein weiterer wichtiger Erfolgsfaktor spiegelt die Wahl der Zielgruppe wieder. Ohne für das Event richtig ausgewählte Teilnehmer, kann die Botschaft nicht vermittelt werden und der Erfolg des Events bleibt aus. Umso genauer die Zielgruppe für das bevorstehende Event ausgewählt wird, desto gezielter und erfolgreicher kann das Eventmarketing eingesetzt werden. Die Wahl der Zielgruppe sollte auf Grund der großen gegenseitigen Abhängigkeit, parallel zur Zieldefinition ablaufen.

Die korrekte Nachbereitung beziehungsweise eine Wirkungs-und Erfolgskontrolle stellt einen weiteren Erfolgsfaktor, speziell für bevorstehende Events, dar. Die Erfolgskontrolle liefert dem Organisationskomitee wichtige Kenntnisse darüber, was gut umgesetzt wurde und wo Fehler aufgetreten sind. Auf Grund dessen kann aus den Fehlern für das nächste Mal gelernt werden und gut durchgeführte Prozesse weiter optimiert werden. So kann eine langfristige Evaluierung des Erfolges durch das Eventmarketing garantiert werden.

Um den langfristigen, nachhaltigen Erfolg des Eventmarketing garantieren zu können, ist es von großer Bedeutung aktuelle Trends zu analysieren und diese auf die Kommunikationsstrategie zu projizieren. Dabei spielen neben den kurzfristigen Trends vor allem die langfristigen Megatrends eine entscheidende Rolle. Sie spiegeln die Werte und Bedürfnisse der Gesellschaft wieder und dienen als Orientierungspunkt für die Ausrichtung der Veranstaltung. Speziell in der aktuellen Zeit der Informations- und Angebotsüberreizung, ist es für Unternehmen wichtig möglichst genau an den Bedürfnissen der Konsumenten zu arbeiten, die Effizienz der Events zu steigern, sich von der Menge abzuheben und einen langfristigen positiven Eindruck im Gedächtnis der Rezipienten zu hinterlassen.

Betrachtet man die Zukunftsaussichten des Eventmarketing wird klar, dass der wichtigste Erfolgsfaktor die Integration der technischen Möglichkeiten darstellt. Im Rahmen der Digitalisierung haben sich für das Eventmarketing erfolgsentscheidende Chancen und Herausforderungen geboten. Um von den technischen Innovationen nicht überholt und aus dem Rennen verdrängt zu werden, gilt es die digitalen Optionen im perfekten Gleichgewicht mit dem realen Erlebnisfaktor zu verbinden und so ein erfolgreiches hybrides Event zu veranstalten.

Abschließend beschreibt die Abwechslung einen weiteren Erfolgsfaktor. Jede nachfolgende Veranstaltung muss noch aufwendiger und detaillierter gestaltet werden, um den Konsumenten nicht zu langweilen. Auf Grund der Marktsättigung und dem ständigen Einfluss von außen, werden die Menschen zunehmend schneller gelangweilt und schauen sich nach etwas Neuem um. Dieser Sättigungserscheinung gilt es mit innovativen, kreativen Ideen entgegen zu wirken.

6 Schlussbetrachtung

Diese Arbeit wurde verfasst um zu ermitteln, ob das Eventmarketing als Kommunikationsinstrument, auch in Zukunft weiterhin ein fester Bestandteil des Marketing-/Kommunikationsmix sein wird. Auf Grund der erarbeiteten Zusammenhänge und Ergebnisse kommt der Autor dieser Arbeit zu dem Ergebnis, dass das Eventmarketing auch in Zukunft eine sehr wichtige Rolle im Rahmen der Unternehmenskommunikation spielen wird. Voraussetzung dafür ist, dass die Trends des ständig wandelnden Marktes weiterhin erkannt und angenommen werden, sowie dass sich das Eventmarketing von zukünftigen technischen Innovationen nicht überrollen lässt, sondern sie zu ihren Gunsten mit in den Planungsprozess miteinbezieht.

Schlussendlich lässt sich somit sagen, dass das Eventmarketing auch in Zukunft ein sehr wichtiges Kommunikationsinstrument darstellen wird und speziell im Rahmen der hybriden Events eine Vielzahl an Möglichkeiten darbietet.

Literaturverzeichnis

Admin (2015): Zukunftsperspektiven Eventmarketing – Branchentrends für 2016. https://livereach.com/de/zukunftsperspektiven-eventmarketing-branchentrends-fur-2016/ (17.01.2019).

Altenbrunn, Frank (2015): Grundlagen Veranstaltungsphasen. http://www.basigo.de/handbuch/Grundlagen/Veranstaltungsphasen (04.01.2019).

Barth, Uli/ Fiedler/Anne (2015): Sicherheitsbeurteilung. http://www.basigo.de/handbuch/Sicherheitsbausteine/Sicherheitsbeurteilung (04.01.2019).

Basigo (2019): Sicherheitsbeurteilung. http://www.basigo.de/wiki/images/e/e4/Risikoeinteilung_und_beurteilung.jpg (05.01.2019).

Baum, Andreas / Stalzer, Helmar E. (1991): Event-Marketing liegt im Trend - Kommunikation zum Anfassen macht Informationen zum Ereignis, in: Marktforschung & Management, Heft 3, 113.

BDW (Deutscher Kommunikationsverband) (1993): Erhebungsbericht 1992. Bedeutung- Planung- Durchführung von „Events", Bonn, 3.

Betz, Gregor / Hitzler, Ronald / Pfadenhauer, Michaela (Hrsg.): Urbane Events. Erlebniswelten. Wiesbaden: VS Verlag für Sozialwissenschaften 2011.

Böhme-Kost, Peter (1992): Tagungen- Incentives- Events gekonnt inszenieren- mehr erreichen, Marketing- Arbeitsmodelle, Hamburg, 129.

Bordne, Jessica (2006): Theoretische Grundlagen des Eventmarketings. In: Bordne, Jessica (Hrsg.): Eventmarketing- ein Kommunikationsinstrument wird erwachsen. Saarbrücken 2006, 32.

Brünne, M.; Esch, F.-R.; Ruge, H.-D. (1987): Berechnung der Informationsüberlastung in der Bundesrepublik Deutschland, Bericht des Institutes für Konsum- imd Verhaltensforschung, Saarbrücken 1987.

Bruhn, Manfred (1997): Kommunikationspolitik. Bedeutung - Strategien - Instrumente, München, 1997.

Bruhn, Manfred (2005): Kommunikationspolitik: Systematischer Einsatz der Kommunikation für Unternehmen, 3. Aufl., München 2005.

Bruhn, Manfred (2011): Unternehmens- und Marketingkommunikation. Handbuch für ein Integriertes Kommunikationsmanagement. 2. Auflage, München, 1016.

Buechner (2019): Emotionalisierung. https://www.quotes.net/authors/Carl+W.+Buechner (09.01.2019).

Dams/Colja, Luppold/Stefan (2016): Hybride Events - Zukunft und Herausforderung für Live-Kommunikation. Wiesbaden.

Dams/Colja, Luppold/Stefan (2019): Live Campaigns - Event-Kampagnen als Konzept einer wirkungsvollen Marketing-Kommunikation. Wiesbaden.

Drengner Jan/ Zanger, Cornelia (1999): Erfolgskontrolle im Eventmarketing. In: planung & Analyse, 26Jg., Nr.6, 1999.

Erber, Sigrun (2000): Eventmarketing. Erlebnisstrategien für Marken. Landsberg am Lech, 106.

Esch, F.-R.; Wicke, A.; Rempel, J. E. (2005): Herausforderungen und Aufgaben des Markenmanagements, in: Esch, F.-R. (Hrsg.): Modeme Markenfuhrung: Grundlagen - innovative Ansatze - praktische Umsetzungen, 4. Aufl., Wiesbaden 2005, S. 3-55.

Event Inc (2018): Tech-Trends für Eventplaner 2018/2019. https://www.eventinc.de/blog/tech-trends-fuer-eventplaner- (17.01.2019).

Flickr (2012): Abbildung Fresh-Up Store. https://www.flickr.com/photos/dosenpaparazzi/7156971893/in/album-72157630059462544/ (25.01.2019).

Funk, Sabine (2015): Machbarkeitsstudie. http://www.basigo.de/handbuch/Sicherheitsbausteine/Veranstaltungskonzept/Machbarkeitsstudie (04.01.2019).

Hermanns, Arnold (1997): Sponsoring. Grundlagen, Wirkungen, Management, Perspektiven, 2. Aufl. München, 1997.

Horbelt, Andreas (2019): Der neue Marketing-Trend Virtual Reality. https://www.event-partner.de/eventtechnik/der-neue-marketingtraum-virtual-reality/ (22.01.2019).

Horbelt, Andreas: Eventmarketing: Endlich denken wir über Ziele, nicht über Formate nach. https://www.eveosblog.de/2018/06/07/eventmarketing-ziele-anstatt-formate-andreas-horbelt-eventdesign-jahrbuch/ (20.01.2019).

HR-Lexikon (2018): Wertewandel. https://www.personalwirtschaft.de/produkte/hr-lexikon/detail/wertewandel.html (11.01.2019).

Koch, Sylvia (2018): Grundlagen der Eventplanung. https://www.eventpartner.de/business/grundlagen-der-eventplanung-das-denken-in-zielgruppen/ (06.01.19).

Kaase, M. (2001): Massenkommunikation und Massenmedien, in: Schäfers, B.; Zapf, W. (Hrsg.): Handwörterbuch zur Gesellschaft Deutschlands, 2. Aufl., Opladen 2001, S. 460-471.

Köhler, Claudia (2019): Ball Packaging: Ein hybrid Event. https://www.vokdams.de/de/projekte/detail/article/ball-packaging-ein-hybrid-event.html (24.01.2019).

Kroeber-Riel, W. (1996): Bildkommunikation: Imagerystrategien für die Werbung, München 1996.

Kroeber-Riel,W.;Esch,F.-R.(2004):Strategie und Technik der Werbung: Verhaltenswissenschaftliche Ansätze, 6. Aufl., Stuttgart 2004.

Laudon/Kenneth, Traver/Carol Guercio (2015): E-commerce. Boston.

Liebmann, Michael (2017): Die 10 Event-Trends für 2018. https://doo.net/de/knowhow/2017/11/16/event-trends-2018/ (19.01.2019).

Liebmann, Michael (2018): Künstliche Intelligenz in Event. https://doo.net/de/knowhow/2018/01/25/kunstliche-intelligenz-events/ (21.01.2019).

Maier, Günter (2018): Definition emotionale Konditionierung. https://wirtschaftslexikon.gabler.de/definition/emotionale-konditionierung-36044/version-259512 (09.01.2019).

Max (2015): SWOT-Analyse. http://innovationsmanager-deutschland.de/swot-analyse/ (07.01.2019).

Meffert, Heribert/ Bolz, Joachim (1998): Internationales Marketing-Management, 3.Aufl., Stuttgart, 1998, 192.

Meffert, K; Bruhn, M. (2003): Dienstleistungsmarketing: Grundlagen - Konzepte - Metho- den, 4. Aufl., Wiesbaden. 2003.

Meffert/Heribert, Bruhn/Manfred, Hadwich/ Karsten (2015): Dienstleistungsmarketing- Grundlagen- Konzepte- Methoden, 8.Aufl. Wiesbaden.

Meffert/Heribert, Burmann/Christoph, Kirchgeorg/Manfred, Eisenbeiß/Maik (2018): Marketing. Grundlagen marktorientierter Unternehmensführung - Konzepte - Instrumente - Praxisbeispiele. 13.Aufl. Wiesbaden.

Nagels, Philipp (2017): So soll sich unser Leben bis 2030 verändern https://www.welt.de/kmpkt/article166416327/So-soll-sich-unser-Leben-bis-2030-veraendern.html (18.01.2019).

Nickel, Oliver (1998): Event- Ein neues Zauberwort? In: Nickel, Oliver (Hrsg.): Eventmarketing. Grundlagen und Erfolgsbeispiele. 1 Auflage, München 1998, 12.

Nufer, Gerd (2002): Wirkungen von Event-Marketing: theoretische Fundierung und empirische Analyse. 1.Aufl., Wiesbaden 2002, 19).

Nufer, Gerd (2012): Event-Marketing und -Management. Grundlagen- Planung- Wirkung- Weiterentwicklung. 4.Auflage, Wiesbaden.

Nufer, Gerd (2016): Verfahren zum Controlling des Event Marketing. In: Esch FR., Langner T., Bruhn M. (eds) Handbuch Controlling der Kommunikation. Springer Reference Wirtschaft. Springer Gabler, Wiesbaden.

Opaschowski, H. W. (2001): Deutschland 2010: Wie wir morgen arbeiten und leben - Voraussagen der Wissenschaft zur Zukunft unserer Gesellschaft, 2. Aufl., Hamburg 2001.

Opitz & Hasil (2019): Event Trend Report 2019: 10 Trends für Live-Marketing und Eventbranche. https://www.eventfex.com/event-trend-report-2019/#zwei (18.01.2019).

Pfadenhauer, Michaela: Ereignis – Erlebnis – Event. In: Bockhorst, Hildegard / Reinwand, Vanessa-Isabelle / Zacharias, Wolfgang (Hrsg.): Handbuch kulturelle Bildung. München: Kopaed 2012, S. 220-226.

Schierl, Th (1997): Vom Werbespot zum interaktiven Werbedialog: Über die Veränderungen des Werbefernsehens, Köln 1997.

Schule, Gerhard (2002): Was wird aus der Erlebnisgesellschaft. http://www.bpb.de/apuz/25682/was-wird-aus-der-erlebnisgesellschaft (07.01.2019).

Sinus (2019): Sinus-Mileus in Deutschland. https://www.sinus-institut.de/sinus-loesungen/sinus-milieus-deutschland/ (07.01.2019).

Sinus (2019): Sinus-Mileus in Deutschland. https://www.sinus-institut.de/fileadmin/user_data/sinus-institut/Bilder/Sinus-Milieus_092018/2018-09-06_b4p_Die_Sinus-Milieus_in_Deutschland_2018_Praesentation_72ppi_mit_ Rand.jpg (11.01.2019).

Sistenich, Frank (1999): Eventmarketing: ein innovatives Instrument zu Metakommunikation in Unternehmen. 1.Aufl., Wiesbaden 1999.

Swiss Olympic (2019): Verhaltungsidee. https://www.sportclic.ch/Large/Kernprozesse/Sportveranstaltung/5PhasenEventmanagement/Veranstaltungsidee/tabid/105/language/de-CH/Default.aspx (04.01.2019)

Statista (2018): Entwicklung der Domainzahl mit Endung .de. https://de.statista.com/statistik/daten/studie/39530/umfrage/entwicklung-der-domainzahl-mit-endung-de/ (07.01.2019).

Sträßer, Anne-Katrin (2001): Die Phase der Zielfestlegung. In: Sträßer, Anne-Katrin (Hrsg.): Eventmarketing: Neue Wege der Kommunikation. Norderstedt 2001, 27.

Thinius, J./ Untiedt, J. (2013): Events und Erlebnismarketing für alle Sinne, Wiesbaden, 123.

Vokdams (2019): Rischkas. https://www.vokdams.de/typo3temp/_processed_/csm_Dosionair_Promotion_Tour_VOK_DAMS__3__80bb0375f6.jpg (22.02.2019).

Walther, Peggy (2013): Zielgruppen im Eventmarketing – Analyse & Definition. www.eveosblog.de/2013/08/19/eventmarketing-zielgruppe-analyse-definition/ (07.01.2019)

Weinberg, Peter/ Nickel, Oliver (1998): Grundlagen für die Erlebniswirkung von Marketingevents. In: Nickel, Oliver (Hrsg.): Eventmarketing. Grundlagen und Erfolgsbeispiele. 1. Auflage, München, 1998, 61f.

Weinberg, Tamar (2012): Social Media Marketing. Strategien für Twitter, Facebook & Co. 2. Aufl. Köln.

Wirtz, Gerd (2008): Die Regenmacher. Eventmarketing der Zukunft, Frankfurt am Main.

Zanger, Cornelia (1998): Eventmarketing. Ist der Erfolg kontrollierbar. In: Absatzwirt- schaft 8/1998. S. 73-79.

Zanger, C; Klaus, K. (2004): Erlebnisorientierte Filialgestaltung: Grundlagen - Analysen - Konzepte ftir Kreditinstitute, Stuttgart 2004.

Zanger, Cornelia (2013): Events im Zeitalter von Social Media, Wiesbaden.

Zukunftsinstitut (2018): Megatrends. https://www.zukunftsinstitut.de/dossier/megatrends/ (xxx).

Zukunftsinstitut (2018): Megatrend Silver Society. https://www.zukunftsinstitut.de/dossier/megatrend-silver-society/ (21.01.2019).